W0386830

# Hegel et l'idéalisme allemand : Penser l'histoire

Collection « Sagesses d'hier et d'aujourd'hui »
L'histoire de la pensée écrite et racontée par Luc Ferry

Crédits couverture :
Photo Luc Ferry : © Rémy Cortin

Portrait de Hegel par Jacob Schlesinger, 1831, SMB,
Alte Nationalgalerie, Berlin, © akg-images

Projet développé par :
*Le Figaro* et *Le Point*

ISBN : 978-2-8105-0526-5 (collection)
ISBN : 978-2-8105-0538-8 (volume 12)
© *Le Figaro*, *Le Point*, Paris, 2012 pour la présente édition.
© Flammarion, 2012.

Tous droits de reproduction, de traduction et d'adaptation
réservés pour tous pays.

# Hegel et l'idéalisme allemand : Penser l'histoire

COLLECTION
SAGESSES D'HIER
ET D'AUJOURD'HUI

## Des clés pour comprendre

Hegel est un immense philosophe. Sa pensée est réellement géniale, mais son œuvre, malheureusement, est probablement, avec celle de Kant, la plus difficile et la plus abstraite qui soit dans toute l'histoire de la philosophie. Je voudrais aujourd'hui faire en sorte qu'à la fin de cette leçon – pardon d'employer ce terme un peu désuet –, même si vous n'avez jamais lu une ligne de Hegel, vous ayez quand même une idée claire et déjà profonde de ce qu'est l'hégélianisme. J'aimerais même que vous commenciez à pouvoir lire sans difficulté certains passages de son œuvre qui vous permettront après d'aller plus loin par vous-même.

Georg Wilhelm Friedrich Hegel est né en 1770, la même année que Beethoven, et il est mort en 1831, du choléra. C'est donc un contemporain de Kant, même s'il est évidemment beaucoup plus jeune. Contrairement à ce que sous-entendent certaines histoires académiques de la philosophie, l'idée qu'il y aurait une espèce de « progression » philosophique, une sorte de jeu de l'oie qui irait de Kant à Hegel en passant par Fichte et Schelling, est largement douteuse : à bien des égards, Kant est post-hégélien, comme Adorno et Heidegger le diront chacun à leur manière, et sa postérité dans la pensée contemporaine sera dans bien des domaines, notamment sur le plan scientifique, beaucoup plus importante que celle de Hegel. Quant à Fichte et Schelling, ils ne sont en rien des « précurseurs » de l'hégélianisme. Cette vision « progressiste » et continuiste de l'histoire des idées est fausse et il vaut mieux l'écarter d'entrée de jeu.

Du reste, Hegel a déjà vingt ans quand Kant publie sa troisième œuvre majeure, la *Critique de la faculté de juger*, et, à trente-quatre ans, l'année de la mort de Kant, il est à la tête d'une œuvre considérable. Encore une fois, malgré la différence d'âge, ce sont des contemporains, et l'idée que Hegel « dépasserait » Kant, Fichte et Schelling, bien que ce soit bien sûr le point de vue de Hegel lui-même dans son histoire de la philosophie, est une idée à écarter. Mais laissons là les préambules historiques et venons-en plutôt à la pensée de Hegel lui-même.

*« La première question qui préoccupe Hegel n'est pas directement philosophique : il cherche à savoir quelle religion pourrait convenir à un peuple libre. »*

Hegel a d'abord commencé par s'intéresser à la théologie. Jeune homme, il se passionne pour l'étude du judaïsme et du christianisme, beaucoup plus que pour celle de la philosophie. La première question qui le préoccupe n'est d'ailleurs pas directement philosophique : il cherche à savoir quelle religion pourrait convenir à un peuple libre. Il veut, comme il le dit lui-même, « débarrasser la religion chrétienne de sa positivité ». Dans son langage, cela signifie la débarrasser des éléments irrationnels, des arguments d'autorité, des dogmatismes qui viennent entraver la liberté de l'esprit. Le terme « positif » est à entendre ici comme dans l'opposition entre ce qu'on appelle le « droit positif » et le « droit naturel » : le droit positif, c'est le droit réel, celui qui est en vigueur *de facto* dans un pays. C'est donc un droit qui n'est pas forcément toujours juste, tandis que le droit naturel, c'est le droit idéal, le droit rationnel, celui qui serait idéalement parfait. De la même manière, il faut distinguer entre la religion positive, c'est-à-dire, comme pour le droit, celle qui est actuellement en vigueur dans telle ou telle contrée, et la religion naturelle ou rationnelle, celle qui conviendrait à un peuple libre. Tout le programme de Hegel vise donc à débarrasser la religion chrétienne de son fatras de « positivité », de dogmatisme, des rituels inutiles et des obligations superflues, en quoi Hegel s'inscrit dans la tradition des Lumières, dans le sillage du grand livre de Kant dont le titre est à lui seul tout un programme : *La Religion dans les limites de la simple raison.*

Plus tard, lorsque, à partir de l'année 1807, année où il publie son premier grand ouvrage de la maturité, la *Phénoménologie de l'esprit*, Hegel est en possession de son système définitif, il va devenir pleinement philosophe. Comme on verra, il n'abandonnera pourtant jamais les préoccupations religieuses, mais la religion lui apparaîtra désormais comme une étape vers la philosophie, la philosophie disant la même chose que la religion, mais de manière rationnelle – en quoi la philosophie dépasse désormais à ses yeux la religion, la philosophie étant le couronnement de la pensée, la sphère la plus haute et la plus achevée de la raison.

Pour véritablement comprendre la pensée définitive de Hegel, il faut la reconstruire à partir des deux questions fondamentales qui vont animer tout son système, y compris celui de sa maturité. C'est par ces deux questions, formulées par Hegel lui-même à maintes reprises, que je voudrais commencer.

La première lui vient de Leibniz. C'est la question de la théodicée : *si deus est, unde malum* – si Dieu existe, d'où vient le mal ? Hegel lui-même n'a cessé de dire qu'il ne faisait pas autre chose dans sa philosophie que reprendre et perfectionner la *Théodicée* leibnizienne. Il faut prendre cet aveu au sérieux et garder ce fil conducteur à l'esprit : je vais l'expliciter et vous verrez combien il est éclairant. Voilà ce que Hegel écrit à ce propos dans un passage d'une de ses œuvres, en vérité un recueil de ses cours intitulé (dans la traduction française) *La Raison dans l'Histoire* :

> Notre méditation sera donc une théodicée, la justification de Dieu que Leibniz avait tentée métaphysiquement à sa manière et avec des catégories encore indéterminées.

Il s'agit donc bien pour Hegel de développer et de préciser (de « déterminer ») la philosophie de Leibniz et nous allons voir comment, en effet, tout son système peut être lu comme un vaste et talentueux perfectionnement de celui de Leibniz.

La deuxième question concerne le scepticisme : puisque la vérité est Une, comment expliquer la multiplicité des philosophies ? Est-ce que cette pluralité même n'est pas une objection contre la philosophie, une objection qui devrait nous conduire au scepticisme : si les philosophes ne cessent de se contredire entre eux, s'ils ne sont jamais d'accord sur rien, si leurs points de vue ne cessent de diverger, n'est-ce pas, finalement, la preuve la plus éclatante du fait que la philosophie est incapable de nous mener vers la vérité ? Autant de philosophes, autant de philosophies : ainsi argumente le sceptique.

Commençons par la première question, celle du mal et de la théodicée. C'est en effet par elle qu'il faut entrer dans le système hégélien, car la réponse, proprement géniale, que Hegel va lui apporter va permettre, d'un même mouvement, de résoudre aussi la deuxième question, celle de la pluralité des philosophies et du scepticisme.

# Hegel dans les pas de Leibniz

## Qu'est-ce que la « théodicée » ?

Le terme est forgé par Leibniz à partir de deux mots grecs, le mot *theos*, qui signifie « dieu » et le mot *Dikè*, qui désigne la « justice ». Dans son ouvrage majeur, la *Théodicée*, écrit en 1710, Leibniz entreprend de « justifier » Dieu, au sens théologique du terme, c'est-à-dire de montrer que Dieu est juste malgré ce qui nous semble mauvais dans nos vies, que Dieu est innocent du mal qui existe dans le monde. L'objection à laquelle Leibniz tente de répondre – et vous allez voir dans un instant comment Hegel reprendra cette analyse à son compte pour la développer et lui donner une forme systématique – est très classique. Elle est bien antérieure à Leibniz et on la retrouvera aussi après lui, par exemple, en 1749, dans la fameuse *Lettre sur les aveugles* de Diderot, lettre qui vaudra d'ailleurs quelques mois de prison à son auteur : pourquoi le mal existe-t-il si Dieu est à la fois bon et tout-puissant ? Comment expliquer le mal si Dieu est juste et omnipotent, comme le prétend le christianisme ? Non pas le mal moral, bien sûr, qui peut toujours s'expliquer par la liberté humaine. Dans la tradition chrétienne, on en rend compte sans trop de difficulté : si les êtres humains sont libres, cela signifie qu'ils ont la possibilité de choisir entre le bien et le mal. C'est ce qu'on appelle communément le libre arbitre. Le christianisme n'a donc pas grande difficulté à expliquer le mal moral, le fait que les humains soient pécheurs, qu'ils commettent des fautes.

> *« Pourquoi le mal existe-t-il si Dieu est à la fois bon et tout-puissant ? Comment expliquer le mal qui frappe les innocents si Dieu est juste ? »*

Mais ce n'est pas ce dont il s'agit dans la *Théodicée* : il y est question d'abord et avant tout du scandale que constitue le mal qui frappe de manière injuste et pour ainsi dire « mécanique » des êtres innocents. Ainsi des aveugles-nés, pour évoquer l'exemple que prend Diderot, dans le sillage de Leibniz (mais pour critiquer sa théodicée). Comment expliquer qu'il y ait des aveugles-nés, c'est-à-dire des enfants qui, dès la naissance, sont frappés de cette injustice qu'est la perte de la vue ? Comment expliquer cela si Dieu est bon, puisque, manifestement, ces nourrissons n'ont pas eu le temps de pécher et n'ont encore commis aucune faute ? On ne peut interpréter leur malheur comme une punition puisqu'ils sont innocents. Or le malheur frappe les hommes indifféremment, qu'ils soient fautifs ou non, à l'instar de la pluie qui tombe aussi bien sur les bons que sur les méchants. Plus près de nous, comment expliquer Auschwitz ? C'est là une objection qui sera reprise contre la théodicée de Hegel et de Leibniz dans la philosophie contemporaine encore, par exemple chez Adorno : comment justifier Auschwitz ? Comment justifier théologiquement et philosophiquement le mal absolu quand il est aussi aveugle qu'injuste ?

La difficulté n'est pas mince… Pour l'exposer dans sa forme la plus aiguë, on peut la présenter de la façon suivante : de deux choses l'une, en effet : ou bien Dieu est omnipotent, tout-puissant, mais s'il permet des horreurs, c'est qu'il n'est pas bon, c'est un Dieu méchant. On dit qu'il est avec nous comme un père, mais quel père laisserait ses enfants « jouer » comme à Auschwitz ? Voilà évidemment un fameux argument en faveur de l'athéisme. Ou bien, autre hypothèse, on continue d'affirmer que Dieu est bon, mais alors, c'est qu'il n'est certainement pas tout-puissant ! Il faut choisir entre les deux, entre la toute-puissance de Dieu et sa bonté, les deux n'étant pas compatibles avec la réalité du mal. Il y a là comme une contradiction insoluble entre la toute-puissance qu'on prête à Dieu et la bonté qu'on lui attribue tout autant : comment expliquer qu'il laisse le malheur frapper les humains aussi injustement ? On peut bien sûr toujours déclarer que les « voies du Seigneur sont impénétrables », mais ce nuage de fumée ne nous aide guère. La question du mal demeure totalement énigmatique et, encore une fois, elle semble pencher singulièrement en faveur de l'athéisme.

C'est à ce terrible dilemme que Leibniz entreprend d'apporter une réponse enfin crédible. Tout son propos vise à montrer que, en réalité, le mal est une pure illusion, qu'il n'existe pas vraiment ou, pour mieux dire, que ce que nous tenons naïvement pour le mal, dans notre ignorance liée à la limitation de notre point de vue, n'est en vérité que la condition d'un bien plus grand. Car ce prétendu mal, qui semble parfois régner dans le monde au niveau du détail, lorsqu'on n'adopte qu'un point de vue partiel, pour ne pas dire borné, s'avère être un bien dès qu'on s'élève un peu pour considérer l'ensemble en se plaçant à l'échelle du tout, de la totalité de l'univers que Dieu a évidemment considérée lors de la création.

L'argumentation de Leibniz se développe à partir de trois principes logiques fondamentaux, qui vont contribuer à lui donner sa force et sa cohérence sur le plan philosophique. Tout ce que je vais vous dire maintenant de Leibniz, vous le retrouverez sous une forme plus sophistiquée, plus abstraite, plus perfectionnée chez Hegel. Voici ce que Hegel ajoute d'ailleurs dans la préface de la *Phénoménologie*, en parodiant littéralement la théodicée de Leibniz : « Le mal et le faux existent aussi peu l'un que l'autre, il y a aussi peu un faux qu'il y a un mal. » Pourquoi ? Eh bien, parce que, dit-il, « *le vrai, c'est le Tout* » (*das Wahre ist das Ganze*). Par conséquent, ce que nous tenons pour le mal fait partie de la totalité du bien, de même que ce que nous tenons pour l'erreur fait partie intégrante de la totalité de la vérité. La vérité, c'est au fond, je le dis tout de suite, mais, rassurez-vous, je vais expliciter cette idée et la rendre claire, le déploiement de toutes les « erreurs » dans l'Histoire, c'est la recollection de tous les points de vue particuliers, partiels, au sein d'une belle totalité organique que Hegel désigne sous le nom de « système ». La vérité, selon Hegel, c'est donc la totalité des points de vue qui se sont déployés dans l'Histoire – ce qui vous permet déjà d'entrevoir comment la réponse à la question de la *Théodicée* sera aussi une réponse à celle de la pluralité des philosophies : de même qu'il est absolument nécessaire qu'il y ait ce que nous percevons, nous, petits humains, comme du « mal » pour que l'ensemble, la totalité du monde, soit parfait du point de vue de Dieu, de même il est nécessaire qu'il y ait une pluralité de philosophies, une diversité de points de vue, pour que la vérité, qui n'est que la totalité de ces différences, l'unité de toute cette diversité, puisse apparaître dans sa plénitude. En quoi la question de la théodicée et celle du scepticisme lié à la pluralité des philosophies sont liées entre elles.

Donc, comme je vous le disais, il y a deux questions : d'une part, celle de la théodicée – comment « justifier »

Dieu, comment expliquer qu'il accepte l'existence de ce que nous tenons pour le mal ? – d'autre part, celle du scepticisme. Je la reformule. Elle est du reste très clairement explicitée par Hegel comme un point de départ de sa philosophie, dans ses *Leçons sur l'histoire de la philosophie*, et notamment dans sa très remarquable introduction à ces *Leçons* : après tout, comment savoir qui a raison parmi les différents philosophes qui se querellent depuis l'Antiquité grecque ? Les épicuriens détestent les stoïciens, les stoïciens détestent les épicuriens. Les uns disent que le monde est harmonieux et que c'est un bel ordre, un « cosmos ». Les autres prétendent au contraire que c'est un tissu arbitraire et désordonné d'atomes dépourvus de sens. Qui a raison, et comment choisir ? Si la vérité est une, la pluralité des philosophies, la pluralité des points de vue opposés semble contredire l'idée même que la philosophie puisse atteindre la vérité. De la pluralité des philosophies on conclut donc en général au scepticisme. Bien sûr, chaque philosophe prétend avoir raison, prétend avoir trouvé la vérité, mais pourquoi le croire, lui, puisque d'autres, tout aussi grands, tout aussi connus, prétendent eux aussi avoir trouvé la vérité, alors que ce n'est pas la même ?

*« Si la vérité est une, la pluralité des philosophies, la pluralité des points de vue opposés semble contredire l'idée même que la philosophie puisse atteindre la vérité. »*

Hegel va, avec une insondable profondeur, relier les deux questions, celle de la théodicée et celle du scepticisme. Tout son système sera, au fond, une manière d'apporter d'un même mouvement une solution à ces deux difficultés. Il montrera qu'il n'y a pas de mal, qu'il n'y a pas d'erreur, car la vérité, encore une fois, c'est la totalité des points de vue qui se sont développés dans l'Histoire. Du même coup, la vérité sera le système de la récapitulation de toutes les philosophies qui existaient auparavant. C'est justement ce système que Hegel prétend avoir découvert et enfin formulé convenablement, en quoi il prétend aussi mettre un terme à l'histoire de la philosophie. C'est donc lui qui met en place pour la première fois de manière aussi explicite le fameux thème de la « fin de l'Histoire », mais en même temps aussi, celui de la « fin de la philosophie ». Avec son système, le système enfin complet et achevé qui résume et contient en lui tous les autres systèmes philosophiques, on s'apercevra que la vérité n'est pas un moment particulier de l'Histoire, laquelle ressemble à une succession de points de vue contradictoires, mais la recollection de tous ces points de vue opposés, particuliers et partiels, recollection qui suppose que la véritable philosophie adopte un point de vue d'ensemble sur le déroulement de l'Histoire. En ce sens-là, ce qui apparaît à un point de vue borné (« unilatéral », dit Hegel) comme le mal ou l'erreur n'existe pas vraiment en soi, car tout cela fait partie du déploiement de la vérité. D'où la phrase, cruciale, que je citais tout à l'heure : « Le vrai est le tout. » Voilà le principe de la solution hégélienne – ce qui explique au passage pourquoi sa philosophie va prendre essentiellement la forme d'une philosophie de l'Histoire. Mais il nous faut maintenant entrer davantage dans le détail car, et je le comprends bien, tout cela reste encore terriblement abstrait.

Cette solution va s'appuyer, comme je le suggérais il y a quelques instants, sur les trois principes fondamentaux de la *Théodicée* leibnizienne. Revenons donc, à nouveau, au système de Leibniz pour bien comprendre comment il va servir de base, en quelque sorte de matériau premier, à l'élaboration de celui de Hegel.

## Comment Hegel reprend à son compte les trois principes fondamentaux de la théodicée leibnizienne

### *Le principe d'identité ou de non-contradiction*

Le premier principe de la théodicée leibnizienne, c'est le principe premier de toute rationalité logique, à savoir *le principe d'identité ou de non-contradiction.* Qu'est-ce à dire ? Dieu dispose dans son entendement d'une idée de tous les possibles, de tous les êtres possibles, de toutes les essences. L'entendement divin contient sous forme d'idées la totalité des êtres possibles. Dieu est en quelque sorte un vaste réservoir de possibles. Mais qu'est-ce, au juste, que les « possibles » ? Ce sont toutes les idées qui ne sont pas intrinsèquement contradictoires. Prenons un exemple très simple : Dieu ne pourrait pas faire exister un « cercle carré », parce qu'un cercle carré est impossible, inconcevable. Ce n'est pas un possible parce que c'est une idée qui porte en elle une contradiction interne, qui est intrinsèquement contradictoire et donc impossible, même pour Dieu. Mais Dieu pourrait faire exister, par exemple, des éléphants roses ou des chevaux ailés comme Pégase. Certes, les éléphants roses et les chevaux ailés n'existent pas, mais ils pourraient exister : ils n'ont rien de contradictoire, d'illogique en soi, ils font par conséquent partie des possibles.

Donc, j'y reviens, l'entendement divin est le réservoir de tous les possibles : non seulement les idées abstraites, comme les idées mathématiques (l'idée de triangle, l'idée de cercle, le fait que la ligne droite est le plus court chemin d'un point à un autre, que la somme des angles d'un triangle fait 180 degrés, etc.), de toutes les vérités mathématiques et scientifiques, mais c'est aussi le lieu où s'accumulent tous les autres possibles, toutes les idées, fussent-elles chimériques, d'êtres non contradictoires. Les chimères ne sont pas des êtres impossibles logiquement. Donc, pour Leibniz, la création du monde va se faire à partir de ce réservoir de possibles contenu dans l'entendement divin : Dieu va puiser en lui les possibles qu'il va décider de faire passer à l'existence. Mais justement, pour aller du possible au réel, pour aller de ce qui est logiquement non contradictoire à ce qui va exister réellement, donc, en clair, pour créer le monde tel que nous le connaissons, Dieu va devoir appliquer deux autres principes – ceux qui vont donc présider au passage de la possibilité logique à l'existence réelle.

### *Le principe de raison*

Le deuxième principe qui préside à la Création, c'est ce que Leibniz va appeler le principe de raison : *nihil est sine ratione*, rien n'est sans raison, tout effet a une cause. En d'autres termes, Dieu ne crée pas le monde sans raison. Leibniz se distingue ici radicalement de Descartes – distinction qui sera également au cœur de la pensée hégélienne –, car son Dieu est soumis au « principe de raison », tandis que, chez Descartes, Dieu est au-dessus de toute rationalité : c'est lui qui a créé les vérités éternelles, vérités de raison et vérités mathématiques comprises. Donc, pour Descartes, Dieu aurait pu faire que 2 + 2 fissent 5. Pas pour Leibniz. Une étape décisive dans le développement de la métaphysique moderne se fait jour : la soumission du divin à la rationalité. Dieu n'est plus tout à fait libre et tout-puissant comme chez Descartes encore, car il est désormais lui-même soumis au « principe de raison suffisante » selon lequel rien n'arrive sans raison, rien ne se fait dans le monde sans raison, ni dans l'Histoire ni dans la nature. Ce principe permet déjà de comprendre, sans la déformer comme on le fait si souvent, une formule clé par laquelle Hegel aimait à résumer son propre système : « Le réel est rationnel et le rationnel est réel. » Cela ne signifie pas que le réel soit « raisonnable », que tout soit épatant dans le monde, qu'il n'y ait pas des imperfections apparentes dans le détail, mais cela signifie, comme chez Leibniz, que rien n'advient sans raison, et que, de ce point de vue, tout a sa raison d'être, tout est, en ce sens, rationnel, explicable par la raison scientifique ou philosophique.

> *« Hegel résume son système par cette formule clé : "Le réel est rationnel et le rationnel est réel." »*

C'est au fond une variation du *principe de causalité* mais c'est surtout une présentation plus abstraite de ce que Descartes avait déjà formulé dans sa physique, à savoir le principe d'inertie. Souvenez-vous de vos cours de physique au lycée : le principe d'inertie, c'est l'idée qu'un corps en mouvement, par exemple une boule de billard, ne change ni de vitesse ni de direction s'il n'y a pas quelque autre corps qui vient le choquer – ce sont les fameuses « lois du choc » – pour le faire bifurquer, pour le freiner ou pour le ralentir (la résistance de l'air, par exemple). Donc, une boule de billard ne changera ni de vitesse ni de direction, si, par exemple, une autre boule ne vient pas la choquer ou si l'air ne vient pas freiner sa course. Voilà le principe d'inertie. Ce principe nous paraît aujourd'hui d'une banalité confondante, mais à l'époque de Descartes et de Leibniz, il constitue une véritable révolution par rapport au monde ancien. Il signifie, en effet, que rien dans le monde n'arrive sans raison. Voilà une rupture abyssale, une véritable révolution par rapport à la représentation du monde qui dominait le Moyen Âge, à savoir l'animisme. Selon ce dernier, il existait une âme du monde, des forces mystérieuses, des forces occultes, que les alchimistes essayaient de maîtriser pour transformer le plomb en or. Le monde était à leurs yeux comme un « gros animal », traversé par toutes sortes de mystères et de forces occultes.

Le rationalisme moderne, institué par Descartes et Leibniz, évacue le mystère du monde – ce que Max Weber appellera le « désenchantement du monde » – en se fondant justement sur le principe de raison selon lequel, en soi ou en droit, il n'y a pas de mystère dans la nature, pas de forces occultes, mystérieuses et invisibles, pas de mystère non plus dans l'histoire, chaque événement ayant des causes qui peuvent l'expliquer. Rien n'y arrive sans raison, tout est explicable, encore une fois : au moins en droit, sinon en fait. En fait, nous sommes souvent ignorants, mais du point de vue de Dieu, ou du point de vue du savant ou d'un savant qui aurait la science achevée, tout serait rationnel, tout serait explicable.

Rien ne se fait donc sans raison. C'est exactement ce que Hegel veut dire quand il déclare, formule si souvent déformée et mal comprise, mais qui définit ce qu'il nomme l'idéalisme, c'est-à-dire sa propre philosophie : « Le réel est rationnel, le rationnel est réel. » La formule a choqué, mais elle ne fait au fond qu'exprimer une idée que tout scientifique a plus ou moins en tête : tout est explicable, tout effet a une cause, rien n'arrive jamais, ni dans l'Histoire ni dans la nature, sans raison. L'idéalisme ne consiste pas en l'idée délirante que l'on va déduire la matière de la pensée, mais dans l'idée que le réel est rationnel au sens où tout événement historique ou naturel possède une explication. Nous pouvons ne pas la trouver tout de suite, ne pas la connaître immédiatement, mais il est certain qu'en soi, sinon pour nous, elle existe dans le réel. C'est aussi, cela dit au passage, ce qu'on appelle le déterminisme.

Vous commencez peut-être à voir le lien avec la *Théodicée* : si le mal, ou ce que nous tenons pour tel, a une raison d'être, s'il est, en ce sens, utile, voire indispensable à la perfection de l'ensemble, de la totalité de l'univers, alors ce n'est plus vraiment le mal ! Dieu va créer le monde en appliquant parfaitement et jusque dans les moindres détails le principe de raison suffisante. Le monde, contrairement à la célèbre formule de Shakespeare, n'est pas « le bruit et la fureur », une histoire délirante racontée par un idiot, mais une histoire au contraire tout à fait rationnelle. Chaque événement qui s'y produit, naturel ou historique, possède sa raison d'être. Il suffit de la trouver et c'est justement la tâche de la science, historique ou naturelle, que de le faire.

La postérité de ce principe est immense. Pensons, par exemple, à Freud qui entreprend d'expliquer l'irrationnel par excellence, de rendre raison de ce qui est en apparence, mais en apparence seulement, sans raison : les *lapsus*, les actes manqués, les rêves qui paraissent délirants, les symptômes névrotiques ou psychotiques, la folie même. Freud se situe alors tout à fait dans la perspective leibnizienne/hégélienne. Il trouve la raison de ce qui est en apparence sans raison, de ce qui apparaît comme irrationnel. Par conséquent, il pose, comme Hegel, comme Leibniz, que le réel est de part en part déterminé, de part en part rationnel, puisque même ce qui semble irrationnel, la folie, est en réalité rationnel, explicable : expliquer l'irrationnel, c'est, comme Leibniz ou comme Hegel, affirmer que la totalité du réel, même ce qui semble à première vue non rationnel à un point de vue borné, est en réalité rationnel si on se place d'un point de vue supérieur, celui de la science, a fortiori si on se place du point de vue d'un Être suprême dont on postule qu'il est omniscient.

*« Au sens hégélien, l'idéalisme n'est rien d'autre qu'un rationalisme achevé, c'est simplement l'application du principe de raison au réel, l'idée que rien n'advient sans raison dans le monde. »*

On pourrait dire la même chose de Marx, qui se veut pourtant matérialiste. En réalité, au sens hégélien que nous venons de définir, Marx est parfaitement idéaliste, dans la mesure où lui aussi entend montrer que les contradictions qui traversent l'Histoire, celles qui motivent la lutte des classes, sont explicables au sein d'une perspective historique plus large et servent, comme dans la *Théodicée* leibnizienne, un bien plus grand, en l'occurrence l'avènement d'une société sans classes et sans exploitation qui marquera, comme chez Hegel encore, la fin de l'Histoire.

En somme, ce qu'on reprochera si souvent à Leibniz ou à Hegel, à savoir d'être à la fois rationalistes et idéalistes (au sens où le réel est posé comme rationnel), on pourrait aussi bien le reprocher à Freud ou à Marx. Au sens hégélien, l'idéalisme n'est rien d'autre qu'un rationalisme achevé, c'est simplement l'application du principe de raison au réel, l'idée que rien n'advient sans raison dans le monde.

Et chez Leibniz, ce principe fondamental va servir, comme je vous l'annonçais, à expliquer la manière dont Dieu va créer le monde. Dieu va créer le monde avec de bonnes raisons de le faire, des raisons rationnelles si je puis dire, pour tous ces choix, c'est-à-dire pour toutes les choses qu'il va choisir de faire exister dans le monde parmi tous les possibles qu'il a en tête, y compris ce qui nous semble, de notre petit point de vue très limité, mauvais. En d'autres termes, il va choisir parmi les possibles, parmi toutes les idées ou toutes les essences qui peuvent exister au sens où elles sont non contradictoires, celles qui doivent exister, celles qui ont une raison d'exister. Du coup, il va choisir, parmi ces possibles, ceux qui sont non contradictoires, non seulement intrinsèquement – pas de cercles carrés –, mais aussi ceux qui sont, comme dit Leibniz, *compossibles*, c'est-à-dire qui sont non contradictoire entre eux (compatibles). C'est ainsi un monde parfaitement harmonieux, dépourvu de contradictions, en tout cas de contradictions inutiles, que Dieu va créer.

### *Le principe du meilleur*

Voyons tout de suite le troisième principe qui va nous permettre de compléter ce qu'on pourrait nommer la « logique de la Création ». Il s'agit de ce que Leibniz appelle le « principe du meilleur », en reprenant d'ailleurs la formule d'un grand mathématicien français du XVII^e^ siècle, Fermat.

Fermat a en effet publié un livre qui va avoir une certaine importance dans l'histoire de la philosophie. De manière à première vue quelque peu énigmatique, il s'intitule *De maximis et minimis* (*Des maximums et des minimums*), et ce titre correspond à la définition de ce fameux principe du meilleur. Qu'est-ce à dire, et pourquoi est-ce un mathématicien qui formule ce principe ?

Le « principe du meilleur » recouvre l'idée selon laquelle une démonstration est belle ou, comme on dit en mathématiques, « élégante », quand elle résout le maximum de problèmes avec le minimum de détours. D'où la formule *de maximis et minimis*. En d'autres termes, une démonstration élégante produit le maximum d'effet démonstratif avec le minimum de causes, c'est-à-dire en utilisant pour la démonstration le minimum de principes et le minimum de détours. Maximum d'effet : elle donne la bonne solution au maximum de questions, bien sûr, mais elle utilise le minimum de sinuosités pour y parvenir. Elle ne fait pas de détours inutiles. En ce sens, le principe du meilleur n'est qu'une variation du principe de raison : une démonstration qui parvient au bon résultat, mais en utilisant plus d'axiomes qu'une autre, fait des détours inutiles, c'est-à-dire des détours qui sont « sans raison » ; il n'y a aucune raison, en effet, de recourir à plus de causes qu'il n'en faut pour parvenir finalement au même résultat que la démonstration la meilleure, la plus élégante, c'est-à-dire la plus économique et la plus rationnelle.

En un sens, on pourrait dire que le principe du meilleur n'est qu'une variation sur un autre fameux principe, celui du « rasoir d'Occam », du nom d'un philosophe scolastique du Moyen Âge selon lequel « il ne faut pas multiplier les entités sans nécessité », il faut passer le rasoir pour supprimer les entités inutiles, les sinuosités sans raison d'être. De la même manière, dans une belle démonstration mathématique, l'idéal est de recourir au minimum d'axiomes et de supprimer toutes les étapes inutiles pour parvenir au maximum de propositions démontrées (de théorèmes).

Le « principe du meilleur » possède bien d'autres applications, par exemple sur le plan esthétique. On trouve dès le XVII^e^ siècle une opposition cardinale entre deux esthétiques : l'esthétique baroque et l'esthétique classique. Leibniz est évidemment dans la tradition classique, rationaliste et cartésienne. Leibniz est un cartésien, malgré ses différences avec Descartes. Qu'est-ce que le baroque ? Le mot vient du portugais *barueco*, qui désigne les perles qui ne sont pas parfaites, c'est-à-dire pas parfaitement rondes, qui ont des excroissances, des bulles et des aspérités « sans raison d'être » sur leur périphérie. L'art baroque est un art de l'excès, de la luxuriance. Quelle est, au contraire, la forme la plus élégante, la forme la plus rationnelle, celle qui correspond au principe du meilleur ? C'est le cercle. Le cercle contient le maximum d'être dans le périmètre minimum. Quand vous entrez dans une église baroque, à Porto ou dans la magnifique bibliothèque de Coimbra, par exemple, vous contemplez un art qui dégouline littéralement d'excès fascinants : des ornements à foison, des fioritures à l'infini, mais aussi une stupéfiante richesse des matériaux, de l'or, des couleurs chaudes, bleus, roses, rouges, bref, des excroissances en tout genre. Dans l'art classique français, par exemple dans le jardin de Versailles, tout est à l'opposé du baroque : simple, sans fioritures, géométrique, dominé par la raison, bref, conforme au principe du meilleur.

## Deux autres principes : le principe des indiscernables et le principe de continuité

Si l'on voulait être tout à fait complet, il faudrait encore ajouter aux trois principes qui président à la création du monde selon Leibniz deux autres principes qui viennent les préciser pour extirper définitivement l'idée qu'il existerait réellement du mal dans l'univers, et parfaire ainsi la plaidoirie de la théodicée en faveur de Dieu. Il s'agit d'abord du fameux « principe des indiscernables », selon lequel Dieu ne crée jamais deux êtres identiques. Voyez, par exemple, les empreintes digitales : aucune n'est parfaitement identique à une autre. Ce principe est, lui aussi, une variation sur le principe de raison : il n'y a, en effet, pas de raison de créer deux êtres parfaitement identiques. On raconte qu'au XVIIIe siècle les dames jouaient dans les jardins à des jeux leibniziens : elles ramassaient les feuilles d'arbres, les feuilles d'un même arbre, et elles s'amusaient à constater qu'aucune n'était parfaitement identique aux autres. C'est ensuite le « principe de continuité » qu'il faudrait mentionner, c'est-à-dire le principe selon lequel la nature ne fait pas de saut : il n'y a pas de vide dans la nature, pas plus qu'il n'y a de saut dans l'Histoire. Mettre des « trous » dans le monde reviendrait aussi à contredire le principe de raison (les événements ne seraient plus reliés, enchaînés parfaitement les uns aux autres), mais aussi le « principe du meilleur » : le vide représenterait en quelque sorte de l'« espace perdu », ce qui heurterait l'idée que Dieu crée un maximum d'êtres avec un minimum de causes. Tout s'enchaîne donc dans l'univers de manière continue, selon le « principe de continuité ».

À la lumière de ces deux principes, qui explicitent en vérité seulement les trois premiers, on comprend aussi pourquoi il existe des aveugles-nés, des fous et des imbéciles, bref, ce que nous prenons pour le mal et qui semblait inexplicable à première vue. Pourquoi, par exemple, Dieu n'a-t-il pas créé, pour reprendre un exemple de Leibniz lui-même, que des génies ? Pourquoi pas, dit-il, mille Virgile plutôt que tant de crétins ? Pourquoi existe-t-il toute une hiérarchie des êtres, de l'idiot du village jusqu'au génie ? Pourquoi toute la hiérarchie des yeux, de l'œil aveugle à celui du lynx ? Pourquoi y a-t-il toute cette diversité biologique à laquelle aujourd'hui on est tellement attaché ? Réponse conforme à ces cinq principes : parce qu'un monde dans lequel tous les êtres seraient parfaits mais identiques serait beaucoup moins bon, beaucoup moins riche, qu'un monde qui déploie toute la hiérarchie et toute la diversité des êtres. Il faut donc bien qu'existe ce que nous tenons pour le mal pour que l'édifice d'ensemble soit parfait. Les fous, les aveugles, les imbéciles et les handicapés sont nécessaires. Tous ces êtres différents font un monde plus riche. Un maximum d'êtres avec un minimum de principe : le monde est meilleur du fait de toute cette diversité.

Voilà la réponse de Leibniz au problème de la théodicée. À quoi bon mille Virgile ? Un roman de Boris Vian au titre évocateur, *Et on tuera tous les affreux*, reprendra le thème de la théodicée sur un mode humoristique. Le monde est sous l'emprise d'une catastrophe : on a découvert le principe du clonage et un savant fou, doublé d'un politique fou, s'amuse à fabriquer des êtres absolument parfaits, mais tous parfaitement semblables. Très beaux, très intelligents, ils ont tous les yeux bleus, les cheveux blonds, des corps d'athlètes grecs, etc. Le savant fou crée des êtres identiques. Puisqu'ils sont parfaits, il n'y a pas de raison de faire la moindre différence. Mais une femme échappe à la moulinette du clonage et suscite aussitôt la concupiscence des hommes. L'un d'entre eux susurre à mi-voix dans l'oreille de son voisin tout émoustillé qu'elle a de la barbe, des tonnes de rides et, comble de la séduction, peut-être bien un bec de lièvre... La séduction provient de la différence. Au fond, les deux hommes qui parlent entre eux de cette femme, naguère encore considérée comme un laideron, sont séduits parce qu'elle est différente des autres et qu'ils en ont par-dessus la tête de cette beauté parfaite, mais uniforme et multipliée à l'infini. Et en effet, même d'un point de vue strictement scientifique, biologique notamment, un monde de diversité est préférable à un monde où nous serions tous parfaits, mais parfaitement identiques et interchangeables. Il faut qu'il y ait de l'irremplaçable et de la singularité dans l'univers pour que la vie vaille la peine d'être vécue.

Avant de voir comment Hegel va reprendre tous ces principes pour lui aussi disqualifier l'idée qu'il y aurait du mal et de l'erreur dans le monde, arrêtons-nous encore sur un dernier exemple, celui du tableau, que Leibniz affectionne particulièrement. Considérez par exemple une cathédrale de Monet (j'actualise l'exemple) : quand vous avez le nez sur le tableau et que vous ne voyez qu'un détail, ça ne ressemble à rien, il n'y a ni formes, ni dessin, aucun sujet visible ; ce ne sont que taches colorées et encore, vous pouvez à peine discerner les couleurs. Mais si l'on prend du champ pour se placer du point de vue de l'ensemble, alors tout devient non seulement cohérent, mais d'une beauté incomparable : ce qu'on prenait pour un mal, un raté du peintre, devient un élément essentiel à la perfection du tout. Le point de vue élargi, distancié, c'est bien sûr le point de vue de Dieu, celui auquel le philosophe parvient à l'élever en se détachant du point de vue de l'homme ordinaire, borné, qui ne voit que le détail et croit, du coup, en l'existence du mal. Du point de vue de Dieu, on s'aperçoit que ce qui paraît chaotique et incohérent concourt à la beauté du tout. Sans ce détail qui paraît affreux vu de près, il n'y aurait pas de beauté de l'ensemble, comme le dit si bien ce passage d'une des œuvres maîtresses de Leibniz, *Sur l'origine radicale des choses* :

> Imaginons une très belle peinture, couvrons-la entièrement à l'exception d'une toute petite partie : qu'y verra-t-on, même de très près ? ou même en s'approchant davantage ? Rien de plus qu'une accumulation confuse de couleurs placées au hasard, sans art ; et cependant, après avoir enlevé ce qui le couvrait, on observera le tableau tout entier dans la perspective qui convient, on s'apercevra que ce qui, de prime abord, semblait barbouillé sur la toile était le résultat du très grand talent de l'auteur de l'œuvre [1].

Souvenez-vous que les stoïciens, déjà, et pour des raisons fort proches, ne disaient pas autre chose : « La cri-

1. Leibniz, *Sur l'origine radicale des choses*, § 13, trad. Martine Étrillard et Pierre-Yves Bourdil, Hatier, « Profil formation », 1984, p. 48.

nière du lion, la bave du sanglier » paraissent affreuses vues de près, mais dès qu'on se place du point de vue du savant, on s'aperçoit que l'ensemble est harmonieux et beau. C'est aussi, déjà, d'une certaine manière, la problématique d'Épiméthée : quand les dieux demandent à Épiméthée de créer le monde, Épiméthée fait en sorte que le monde ressemble à un système où cohabitent les espèces animales les plus diverses possibles. C'est ce que Leibniz appelle les « compossibles » : les possibles qui sont possibles entre eux, à la fois non contradictoires à l'intérieur et possibles entre eux.

Comme nous allons le voir maintenant, tout le système hégélien n'est rien d'autre qu'une théodicée leibnizienne appliquée à l'Histoire.

*« Le système hégélien est une théodicée leibnizienne appliquée à l'Histoire. »*

## De la théodicée de Leibniz à la philosophie hégélienne de l'Histoire

Revenons donc à Hegel et à la façon dont il résout la question du scepticisme, c'est-à-dire, comme nous l'avons vu, la question du doute qui pèse sur la philosophie, du fait de la pluralité des doctrines. Voyons comment l'application des principes de la théodicée leibnizienne à l'Histoire va permettre de résoudre la difficulté. Cette résolution va s'effectuer en deux étapes, car Hegel va évoluer sur cette question au fur et à mesure qu'il va s'approcher de la construction de son système définitif. Comme vous allez voir cependant, les deux solutions qu'il va élaborer sont toutes les deux géniales, même si la dernière, bien sûr, l'emporte de loin sur la première.

## UNE PREMIÈRE ÉTAPE : LA FORME, L'ESPRIT ET LA CULTURE DU TEMPS

Dans un premier temps, en effet, Hegel élabore une solution dans un petit texte datant de l'année 1801 (de l'époque où il est encore un disciple de son ami Schelling). Ce texte est publié dans le *Journal critique de philosophie* et il s'intitule : *De l'essence de la critique philosophique* (*Vom Wesen der philosophischen Kritik*).

Qu'est-ce que la critique philosophique ? Le terme critique s'entend ici au sens d'interprétation, d'herméneutique, comme dans la critique d'art ou la critique littéraire, qui ne sont pas forcément négatives : il s'agit donc de la compréhension des œuvres qui peuplent l'histoire de la philosophie. En 1801, le système hégélien n'est pas encore définitivement formé, comme je vous l'ai dit, mais il est très intéressant de suivre l'évolution de la pensée du « jeune Hegel », encore placée sous l'influence de Schelling, avec lequel il rédige d'ailleurs ce texte, pour comprendre son système définitif.

Ce bref article s'appuie sur trois idées fortes, que Hegel finira par abandonner au profit d'une reprise et d'un approfondissement de la théodicée leibnizienne.

1) Tous les philosophes disent la même chose : la pluralité n'est qu'apparente, la diversité contradictoire n'est qu'une illusion. D'où vient alors ce sentiment de pluralité des philosophies, ce sentiment fallacieux, erroné, puisque, selon Hegel, elles disent au fond toutes la même chose ? Pourquoi a-t-on l'impression que décidément, non, épicuriens et stoïciens, par exemple, n'ont pas l'air vraiment d'accord ?

2) Le sentiment de pluralité vient de ce que Hegel appelle la *Bildung*, c'est-à-dire la culture du temps : les philosophes disent tous la même chose, mais ils l'expriment dans une sorte de coque, une gangue liée à l'esprit du temps. Quand on écoute les actualités des années 1940, par exemple, quand on voit ces vieux films en noir et blanc, on s'aperçoit que la tonalité n'est pas la même, l'accent lui-même a changé, le langage et les préoccupations ont changé, et l'esprit du temps, ce que Hegel appelle la culture du temps, la *Bildung*, est comme une coque ou une gangue qui enserre les idées.

3) La critique philosophique consiste à faire éclater cette coque pour aller chercher le noyau rationnel des grandes visions du monde qui ont scandé l'histoire de la

pensée. Et quand on y parvient, on s'aperçoit qu'en vérité toutes les grandes philosophies se rejoignent, que toutes ont le même idéal, la même définition du vrai. L'interprétation des œuvres, qui est le travail essentiel de la critique, doit donc aller du signifiant, de la forme liée à l'esprit du temps et différente selon les époques, au signifié, qui est l'idée philosophique en tant que telle.

*« Selon Hegel, la philosophie occidentale n'est rien d'autre qu'une reformulation rationnelle de la religion chrétienne : une tentative pour réconcilier le fini et l'infini, le sensible et l'intelligible, le point de vue de l'homme et celui de Dieu. »*

Quelle est alors l'idée de la philosophie que les divers systèmes tentent d'exprimer dans la culture et le langage de leur époque ? C'est l'idée, justement, que la vérité est une et qu'elle réside dans ce que les religions appellent le divin, la réconciliation du sensible et de l'intelligible, c'est-à-dire dans l'idée que le réel, même sensible, est rationnel. Selon Hegel, la philosophie occidentale n'est au fond rien d'autre qu'une version ou une formulation rationnelle de la religion chrétienne. Et qu'est-ce que la religion chrétienne aux yeux de Hegel ? Qu'est-ce que le protestantisme, s'agissant de l'Allemagne de son époque ? D'abord et avant tout une tentative pour réconcilier le fini et l'infini, le sensible et l'intelligible, le point de vue de l'homme et celui de Dieu. La religion est une tentative pour surmonter la « scission », comme dit Hegel, entre le mortel et l'immortel, le relatif et l'absolu. La philosophie, c'est l'identité qui surmonte la scission. Comment la religion surmonte-t-elle la scission entre l'homme et Dieu ? Entre le fini (l'homme) et l'infini (Dieu) ? Entre l'identité stable du divin et la différence éphémère de l'humain ? Elle la surmonte bien évidemment par la foi, dans l'« élément de la foi », dit Hegel. Qu'est-ce que la foi ? C'est une tentative pour réconcilier, ou relier, si vous préférez, l'homme et Dieu. L'homme sans Dieu est voué à la mort éternelle, tandis que l'homme avec Dieu trouve le Salut.

Donc, la religion essaie de réconcilier l'humain et le divin dans l'élément de la piété, dans l'élément de la foi, par la croyance. Du reste, la vérité, qu'elle soit religieuse ou scientifique, est toujours une manière de surmonter des contradictions, des scissions. La science essaie de « sauver les phénomènes », de rendre raison des contradictions. On observe que l'eau est tantôt dure et glacée, tantôt liquide et bouillante. Mais c'est bel et bien la même eau. Que fait le savant ? Il dévoile, derrière des manifestations contradictoires, derrière l'apparence contradictoire de l'eau glacée, dure et froide, et de l'eau brûlante, bouillante et liquide, une même réalité : l'idée de l'eau, $H_2O$ si l'on veut réduire cette idée ou cette réalité à une formule abstraite mais stable et, en ce sens, divine.

La scission fondamentale étant celle qui sépare le mortel et l'immortel, le fini et l'infini, l'homme et Dieu, la religion et la philosophie ont le même but : la surmonter. La différence entre les deux provient seulement du fait que la religion le fait par la foi, tandis que la philosophie prétend y parvenir par la raison. Elle est donc pour ainsi dire une version rationnelle de la religion, une manière de surmonter la scission entre le relatif et l'absolu « dans l'élément du concept », dit Hegel, de la raison, et non dans celui de la foi. Le contenu est le même que celui de la science ou de l'art, l'art étant lui aussi une tentative pour dépasser les scissions, pour mettre en harmonie un chaos.

Ainsi, dans tous les cas de figure, la « vie de l'esprit », comme dit Hegel, vise toujours à surmonter les scissions, à dépasser les contradictions. La tâche de la critique philosophique, comme c'est le cas pour la critique d'art, est de voir le signifié sous le signifiant : voir le noyau rationnel sous la gangue qui l'enveloppe et reste marquée par l'esprit du temps. C'est d'ailleurs à ce travail que Hegel s'est livré lui-même dans ses magnifiques conférences sur l'histoire de l'esthétique.

Pour vous en donner un exemple, c'est lui qui, le premier, a mis en évidence de manière incroyablement profonde la signification de l'art hollandais du XVII^e siècle. Il montre comment, pour la première fois dans l'histoire de l'humanité, cet art met en scène l'humain comme tel. C'est l'avènement d'un art sécularisé, séparé du religieux, avènement qui accompagne la naissance du monde moderne, l'émergence de l'univers laïc. Alors que l'art grec mettait en scène l'harmonie cosmique sous toutes ses formes, alors que l'art chrétien du Moyen Âge célébrait les splendeurs du divin et illustrait à foison les grands épisodes de la Bible, l'art hollandais représente pour la première fois la splendeur de l'humain comme tel. Vermeer, Pieter de Hooch, Ter Borch ou Jan Steen dépeignent les humains dans leur nudité d'humain : non pas les grands hommes, les personnages de la mythologie ou de la Bible, mais des êtres anonymes pris dans leur vie quotidienne, une petite fille qui joue avec son chien dans sa cuisine, une mère qui retire les poux des cheveux de son enfant : des moments tout à fait ordinaires de la journée, ni religieux ni cosmologiques. Ce qu'on appelle les « scènes de genre » aussi : des hommes attablés devant des bières dans un cabaret, essayant de draguer une serveuse au décolleté plongeant. Bref, des scènes humaines, trop humaines, des épisodes très communs, terre à terre, où le sexe et le vin, ces entités bien peu religieuses, occupent souvent une place de choix.

La critique d'art consiste à dévoiler l'idée qui est « présentée » (*dargestellt*) dans l'œuvre, illustrée dans l'art. L'art est l'incarnation d'une idée forte – l'harmonie cosmique, la splendeur du divin, ou encore l'idée de l'humain dans l'art hollandais – dans un matériau sensible : le dessin et la couleur du peintre, la matérialité de la toile, les vibrations sonores du musicien, la pierre de l'architecte ou du sculpteur, etc. La critique consiste à faire éclater la coque matérielle pour voir l'idée qu'elle recouvre et exprime à la fois. Dans l'art hollandais, ce qui se joue, au fond, c'est la naissance de la sécularisation, autrement dit la naissance de l'humanisme moderne et le déclin de la religion comme principe organisateur de la vie de l'esprit. Voilà la tâche de la critique d'art. Dans le même sens, la critique philosophique consiste à faire éclater la gangue, l'esprit du temps qui emprisonne l'idée, afin de montrer qu'au fond le noyau rationnel de toutes les grandes philosophies est toujours le même.

C'est de cette manière que, dans une première étape de sa philosophie, Hegel essaie de répondre à l'objection sceptique. Nous allons voir dans un instant en quoi cette réponse est insuffisante et, qui plus est, peu convaincante. Hegel va donc très rapidement la dépasser au profit d'une nouvelle réponse qui va être la clé de son système définitif. Pourtant, un aspect de ce premier moment, encore imparfait, va être conservé, à savoir l'idée que la vraie philosophie, la philosophie enfin parvenue à maturité, doit se constituer en « système », ce qui signifie qu'en elle le fond et la forme doivent s'accorder : il ne faut plus, dans le système enfin achevé, qu'un noyau rationnel soit enfermé et déformé dans une gangue liée à l'esprit du temps, à la *Bildung*, mais, au contraire, le fond et la forme doivent être également rationnels pour être enfin en harmonie.

Avant d'aller plus loin, de voir en quoi la première réponse de Hegel est insuffisante, mais aussi de comprendre les raisons pour lesquelles il va malgré tout conserver l'idée de système, notons que cette dernière vient également de Leibniz. Comme le montre notamment Heidegger dans son livre sur Schelling, Leibniz est, en effet, le premier philosophe à désigner sa propre philosophie sous le nom de « système » : *Le Système nouveau de la nature* ou *Les Principes de la nature et de la grâce* en témoignent. En 1801, pour Schelling aussi bien que pour Hegel, la vraie philosophie doit s'exprimer dans une forme qui lui convient, c'est-à-dire dans la forme du système achevé, de la rationalité parfaitement systématique, en quoi la philosophie s'oppose aux autres domaines de la vie de l'esprit. Voyez bien pourquoi, c'est essentiel pour comprendre la suite : la forme religieuse est encore celle du mythe, de la parabole, comme dans les Évangiles. On y exprime l'idée du divin, bien sûr, mais dans un langage symbolique qui n'est pas encore celui de la raison ; la forme artistique, elle aussi, est inappropriée : elle exprime aussi des idées supérieures, l'harmonie cosmique, la splendeur du divin, la grandeur de l'esprit humain, par exemple, mais elle le fait dans un matériau sensible qui n'est pas adapté à l'expression des idées. Enfin, les philosophies traditionnelles, encore non systématiques, expriment elles aussi des idées profondes, mais dans un langage qui reflète la culture du temps et reste donc lié de manière contingente à une époque. Seule la forme parfaitement rationnelle, celle du système, signera l'existence d'une vraie philosophie, en même temps qu'elle marquera, pour la même raison, la fin de l'histoire de la philosophie.

Le système philosophique que Hegel et Schelling se proposent de construire a donc désormais un cahier des charges bien précis : il doit réconcilier la forme, expression de l'idée, et l'idée qui est exprimée. C'est avec ce critère qu'on pourra enfin être sûr que la philosophie est achevée. Schelling, avec sa « la philosophie de l'identité », tout comme Hegel, avec sa propre philosophie, seront convaincus d'avoir trouvé enfin la philosophie ultime.

## DEUXIÈME ÉTAPE ET SOLUTION DÉFINITIVE : « LE VRAI, C'EST LE TOUT »

Revenons maintenant au fil principal de notre exposé : en quoi cette première « solution » apportée à la question du scepticisme et de la pluralité des philosophies pèche-t-elle ? Pourquoi Hegel va-t-il être obligé, afin de réfuter le scepticisme, d'aller plus loin en reprenant la théodicée de Leibniz ? Cette première solution, encore schellingienne, qui explique la pluralité des philosophies par la forme, par l'esprit ou la culture du temps, ne convient pas pour trois raisons qui vont faire rebondir le problème et permettre à Hegel d'aller vers la construction de son système définitif.

1) D'abord, il n'est manifestement pas exact de dire que tous les philosophes d'une même époque disent la même chose, ni que les différences qui les opposent ne tiendraient qu'à l'esprit du temps. Pour n'évoquer qu'un exemple, celui des épicuriens et des stoïciens, on voit bien que des divergences de fond existent entre eux, qui ne sont pas réductibles à une simple affaire de forme. Du reste, ils appartiennent à la même époque et on pourrait même dire que, dans toutes les grandes périodes de l'Histoire, il existe des philosophies dominantes et des espèces de « contre-cultures », des pensées qui s'attaquent à la culture commune : des atomistes opposés aux cosmologistes, des matérialistes hostiles aux idéalistes, des empiristes qui critiquent les spiritualistes, etc.

2) Mais il y a plus : dans cette première (fausse) solution, la culture du temps, la forme de la philosophie,

donc ce qu'on pourrait appeler le « signifiant » (le signifié étant l'idée enfermée dans cette forme), apparaît complètement irrationnelle, sans véritable raison d'être, parfaitement contingente – ce qui, notez-le tout de suite, contredit le fameux principe de raison dont nous avons déjà parlé. Pourquoi la culture du temps ? Pourquoi y a-t-il même une histoire, des époques différentes, pourquoi pas une philosophie vraie d'entrée de jeu, dès la naissance de la philosophie en Grèce, ou, pourquoi pas, après tout, dès l'apparition de l'humanité ? On ne comprend pas. Il n'y a pas de réponse. La culture semble complètement contingente, sans raison, et il faut bien comprendre, j'y insiste, combien c'est inacceptable au regard d'une exigence de rationalité : car c'est, si l'on y réfléchit, toute l'Histoire qui, paradoxalement, est renvoyée à l'irrationnel, à la contingence, au hasard. Elle n'a pas de sens, pas de raison d'être. C'est l'inessentiel dans l'affaire. Paradoxalement, le Hegel de 1801, celui qui va devenir le plus grand philosophe de l'Histoire, rejette complètement l'Histoire dans l'irrationnel, dans le contingent, dans l'anecdotique, en quelque sorte.

> *« Dans la solution définitive de Hegel, l'Histoire apparaît comme le déploiement de la raison dans le temps, donc comme un processus lui-même parfaitement rationnel, parfaitement conforme au principe de raison. »*

En renvoyant toute l'Histoire à l'irrationalité, on s'oppose au principe fondamental de la théodicée leibnizienne, au principe de raison, alors que dans la solution définitive de Hegel, comme nous allons le voir dans un instant, l'Histoire va au contraire apparaître comme le déploiement de la raison dans le temps, donc comme un processus lui-même parfaitement rationnel, parfaitement conforme, jusque dans ses moindres moments, au principe de raison, aucun événement historique majeur n'étant sans cause, n'étant contingent. Chaque époque va alors être décrite comme s'enchaînant aux autres, liée à celle qui la précède comme à celle qui la suit par le principe de raison suffisante (où l'on voit à nouveau combien le principe de continuité n'en est qu'une variation). Hegel est donc contraint de constater que la solution schellingienne ne convient pas, puisqu'elle renvoie la totalité de l'Histoire à l'anecdotique, à la contingence, à l'irrationalité. Constat évidemment inacceptable pour une philosophie qui se veut rationaliste…

3) Le troisième problème, que Hegel évoquera plus tard dans l'introduction à la *Phénoménologie de l'esprit* (1807), touche à la question, elle aussi décisive, du « dogmatisme ». Nous avons vu comment la dernière philosophie, celle qui prétend prendre la forme d'un « système » parfait, c'est-à-dire la philosophie de l'identité de Schelling à laquelle Hegel adhère encore en 1801, se justifie par rapport aux autres philosophies, en faisant valoir qu'elle a enfin réussi à réaliser l'harmonie entre la forme et le contenu, à se débarrasser des oripeaux de la culture du temps. La forme, c'est la démonstration ou l'argumentation rationnelle ; le contenu, c'est l'idée, elle aussi, rationnelle, de sorte que maintenant, les deux coïncident. Voilà qui fait système. Au contraire, dans les philosophies encore imparfaites, dans les philosophies du passé, donc, un désaccord subsiste entre le fond et la forme (la culture du temps).

Mais que faire et que dire si, ce qui est par exemple le cas des kantiens, mais aussi des penseurs de l'Antiquité, certains philosophes contestent comme par avance l'idée même de système, s'ils ne reconnaissent pas ce prétendu « besoin » de systématicité ? Comment leur expliquer qu'ils devraient absolument l'éprouver ? Schelling avait essayé de résoudre ce problème par la théorie du « besoin de philosophie », en disant qu'entre la forme (la « culture du temps ») et le fond (l'idée rationnelle, l'idée d'identité, de réconciliation) il y avait contradiction. De sorte que cette contradiction entre la forme et le contenu ferait naître un « besoin de philosophie », c'est-à-dire le besoin d'une philosophie qui soit un système harmonieux. Mais Hegel reconnaît dans l'introduction à la *Phénoménologie* que cette solution, qu'il adoptait encore avec Schelling en 1801, est dogmatique : ils prétendent avoir raison, parce qu'ils affirment disposer d'un système parfait, mais en réalité, ils ne parviennent pas à en convaincre les autres, notamment les kantiens, qui n'éprouvent aucun « besoin » de se ranger sous la bannière du système.

La solution hégélienne définitive s'élaborera à partir de 1807, dans la *Phénoménologie de l'esprit*, premier grand texte véritablement hégélien, puis dans ses autres œuvres, *La Logique*, *L'Encyclopédie*, ses *Leçons sur l'histoire* de la philosophie, *de l'esthétique, de la religion*, etc. Le principe de cette nouvelle solution, c'est l'idée que la vérité n'est pas réductible à telle ou telle vision particulière du monde, si géniale soit-elle, mais qu'elle n'est rien d'autre que le déploiement de tous les points de vue différents, voire parfois contradictoires (comme c'est le cas par exemple entre stoïciens et épicuriens, empiristes et cartésiens, etc.) dans l'Histoire. Et ce déploiement de tous les points de vue philosophiques propres à chaque époque trouve un équivalent, un analogue, dans toutes les autres dimensions de la vie de l'esprit : politique, éthique, art, religion, droit, etc. Toutes ces dimensions de la vie spirituelle sont reliées entre elles : chaque époque déploiera la vie de l'esprit sous tous ses aspects. C'est ainsi, par exemple, qu'il y a un art romantique, mais aussi une littérature, une philosophie, une politique, une éthique romantiques, etc. Donc, c'est en ce sens que, comme le dit la préface de la *Phénoménologie*, « le Vrai, c'est le Tout » (*Das Wahre ist das Ganze*), c'est-à-dire la recollection de tous les points de vue exprimés dans l'Histoire. Or ici, dans cette vision achevée de l'hégélianisme, ces différents points de vue ne sont plus contingents, comme au moment de la première solution. Ils ne sont pas renvoyés à la « culture du temps », comme si l'Histoire n'était au fond que secondaire, contingente et anecdotique. Non, ces différents points de vue sont des moments de la vérité qui s'enchaînent selon le « principe de raison » et selon le « principe de continuité » : tous les événements historiques, qu'il s'agisse de l'histoire des idées ou de l'histoire politique, esthétique ou de toute autre forme d'historicité, sont explicables en ce sens que le passé contient la raison d'être du présent et de l'avenir.

> *« Dans la Phénoménologie de l'esprit, Hegel pose que la vérité n'est rien d'autre que le déploiement de tous les points de vue différents, voire parfois contradictoires de l'Histoire. »*

## Les trois moments de la dialectique

L'enchaînement des époques dans l'Histoire répondra aux cinq principes de Leibniz : identité, raison, meilleur, indiscernable et continuité. On les retrouvera dans toutes les dialectiques hégéliennes. Pour expliciter cette nouvelle théodicée, cette théodicée historique – l'histoire, c'est le déploiement du divin dans le monde, de la vérité dans le réel –, Hegel propose un schéma ternaire.

Il est très connu, il paraît banal, mais il est en vérité extraordinairement puissant et cohérent quand on l'analyse plus en profondeur et qu'on n'en reste pas aux clichés habituels : c'est le fameux « schéma dialectique ». Il y a trois temps dans la dialectique hégélienne – non pas thèse, antithèse, synthèse, comme le disent niaisement les manuels de vulgarisation –, mais trois temps qui correspondent à trois concepts fondamentaux, que Hegel développe notamment de manière lumineuse dans ses *Leçons sur l'histoire de la philosophie*.

1) Le premier moment de la dialectique, c'est ce que Hegel nomme « l'en-soi » et qu'il essaie de rendre sensible, si je puis dire, avec la fameuse métaphore végétale du germe, de la graine : l'« en-soi », c'est la graine, le germe. Il comprend virtuellement, en puissance, toutes les différences qui vont se déployer quand il va grandir, croître, mais au départ, tout est encore indifférencié : impossible, à la limite, de distinguer une graine de laitue d'une graine de carotte ou de sapin. L'en-soi, c'est l'indifférencié, ce que les premiers philosophes grecs nommaient l'*apeiron*, ce qui n'a pas encore de contours définis, mais c'est un indifférencié qui contient déjà virtuellement tout en lui.

2) Ensuite, vient le moment de l'existence – en allemand, « *Dasein* », qu'on a hélas traduit en français par « être-là », ce qui donne le sentiment que Hegel s'exprime dans un jargon incompréhensible alors qu'en allemand c'est un terme absolument courant, que l'homme de la rue utilise dans la vie quotidienne : c'est simplement l'existence, l'existence réelle, dans le monde sensible, dans l'espace et dans le temps. C'est donc le moment du déploiement des différences qui sont contenues dans le germe, le moment où il devient plante, où la graine de platane devient un platane bien identifiable et non plus

indéterminé, avec un tronc, des branches, des feuilles bien reconnaissables. Là, on voit bien que ce n'est pas une laitue, une carotte ou un sapin : les différences, qui n'étaient guère visibles au niveau de la petite graine, apparaissent avec ce second moment au grand jour, quand la plante se met à exister réellement, à prendre vie.

3) Puis vient le troisième moment de ce processus « dialectique », le troisième temps, que Hegel appelle le « pour-soi ». C'est le moment de la récupération, de la recollection ou de la réconciliation des deux moments précédents, qui étaient contraires l'un à l'autre comme l'indifférencié est le contraire du différencié : le « pour-soi », c'est le fruit. Le fruit, c'est la récupération, la recollection des différences qui se sont déployées, recollection qui culmine dans la production de nouvelles graines, donc d'une nouvelle dialectique qui va repartir, où il y aura à nouveau un « en-soi », puis un déploiement de l'existence avec l'« être-là », et enfin le « pour-soi ». Voyez tout de suite, au passage, pourquoi, chez Hegel, la dialectique désigne un processus au cours duquel un terme engendre de et par lui-même son contraire : l'identité produit la différence, l'indéterminé (l'en-soi), produit le déterminé (la diversité qui caractérise l'être-là, l'existence réelle, en l'occurrence, dans notre métaphore, la diversité des plantes, la diversité biologique), l'Un produit le multiple, et le pour-soi, lui-même engendré par l'être-là, par le déploiement des différences, les réduit à nouveau à l'unité.

Si l'on reprend la théodicée de Leibniz, l'« en-soi », ce sont les possibles ; l'« être-là », c'est la création du monde par Dieu, et le « pour-soi », c'est le monde achevé, le monde de l'esprit qui comprend l'ensemble du processus… le moment du pour-soi, c'est celui de la théodicée elle-même, qui ramène toute la diversité du monde déployé sous nos yeux à l'unité des principes qui ont guidé la création et expliquent sa parfaite rationalité.

Reprenons ces trois moments, présents dans toutes les dialectiques hégéliennes, pour mieux les expliciter encore – moments « dialectiques », donc, au sens où l'« en-soi » va produire son contraire, c'est-à-dire le « *Dasein* », l'existant avec toute sa diversité foisonnante et sensible, qui va lui-même revenir au point de départ, mais après le déploiement, c'est-à-dire à l'unité du pour-soi enrichie par le déploiement des différences. Qu'est-ce que ça signifie, si on regarde dans le détail ? L'« en-soi », c'est quoi ? C'est ce qu'Aristote appelle la *dynamis*, dit Hegel. La *dynamis*, c'est l'Être en puissance.

Regardez le germe ou la graine que vous achetez chez le pépiniériste : une graine de platane, de sapin ou de radis, comme je vous le disais tout à l'heure, vous ne voyez pas de différence, sauf à être un grand spécialiste. Vous voyez une petite graine ronde. Mais à l'œil nu, vous ne pouvez discerner tout le déploiement des différences, le déploiement des existants, ce que Hegel appelle les « déterminités » : toutes les particularités qui vont se déployer et faire qu'une graine de radis va produire un radis, une graine de platane un platane, etc. Dans le germe lui-même, tout est indistinct. Pour Hegel, c'est l'indistinct des philosophes grecs, c'est l'eau de Thalès, le Chaos d'Hésiode, c'est l'air d'Anaximène, l'*apeiron* d'Anaximandre, bref, l'« indéterminé initial », au sens où dans la graine on ne voit pas encore les différences qui vont se développer, qui vont justement faire qu'une fois déployée on verra toute une diversité d'êtres, un radis ou un platane, qui ne sont pas du tout la même plante. Ce sont les possibles de Leibniz, qui ne sont pas encore des existants. On n'est pas encore passé par la Création, par Dieu, par le moment de l'être-là.

Le moment de la Création, c'est donc le deuxième moment, celui de l'existence : le passage du possible au réel, de l'« en-soi » à l'« être-là ». L'« être-là » – *Dasein* – signifie simplement, comme je vous l'ai dit, l'« existant », ce qui existe dans le monde réel. Encore une fois, j'y insiste parce que l'idée que les philosophes allemands sont obscurs est largement liée à des problèmes de traduction, ce qui semble en français appartenir au jargon philosophique n'est en allemand qu'un mot du langage quotidien. L'« être-là », ou l'existence réelle, le moment de la création, du déploiement des différences. Pourquoi des « différences » ? Parce que ce qui était confus dans l'« en-soi » de la graine se différencie dans l'existant : la graine déploie le tronc, les branches, les feuilles, et l'on verra bientôt qu'il s'agit d'un platane et pas d'un sapin, par exemple. Au moment de la différenciation, l'identité initiale produit son contraire : l'Un engendre de lui-même le multiple. Voilà l'essence même de la dialectique. L'identité de l'« en-soi », où tout est indistinct, produit son contraire : non pas l'identité, mais le déploiement des différences. Non plus l'« en-soi » indéterminé, mais des déterminations, c'est-à-dire des caractéristiques particulières à telle ou telle plante. Le moment de la création est le moment du déploiement des différences et du passage à l'existence.

Enfin, le troisième moment, celui du « pour-soi », sera la recollection dans le fruit de toutes les différences qui ont été déployées. Le fruit concrétise et rassemble à la fois toutes ces différences : tous les végétaux ont un fruit, comestible ou pas, dans lequel se trouve de nouveau la graine, et donc le point de départ d'une nouvelle dialectique. De sorte que le fruit constitue le moment de la vérité, le moment du système dont il est, dans la philosophie de Hegel, le symbole parfait. Pourquoi le fruit symbolise-t-il le point culminant de la vie de l'esprit ? Parce qu'il possède en quelque sorte la structure de la conscience de soi : la conscience, qui accompagne toute pensée, rassemble la multiplicité des représentations de tous ordres dans l'unité d'une subjectivité.

Permettez-moi de citer ici un petit texte de Hegel, tiré de la préface de la *Phénoménologie de l'esprit*. Il y parle de l'histoire de la philosophie comme développement provisoire de la vérité, sur le modèle de l'« être-là ». Au fond, la philosophie grecque, c'est l'« en-soi » qui contient toutes les philosophies, lesquelles vont se déployer progressivement et au fil de l'Histoire, sur le modèle de l'« être-là », du déploiement des différences (je mets mon commentaire entre crochets) :

La conscience ordinaire, sceptique par principe, « conçoit moins la diversité de systèmes philosophiques comme le développement progressif de la vérité qu'elle ne voit dans cette diversité la seule contradiction [la vision ordinaire, qui est sceptique, voit juste une contradiction entre les différents points de vue philosophiques]. Le bourgeon disparaît dans l'éclosion de la floraison, et l'on pourrait dire qu'il est réfuté par celle-ci ; de la même façon le fruit dénonce la floraison comme fausse existence de la plante, et vient s'installer, au titre de la vérité de celle-ci, à la place de la fleur [c'est-à-dire comme un mode d'existence encore imparfait, inachevé, de la plante]. Ces formes ne font pas que se distinguer les unes des autres : elles se refoulent aussi comme mutuellement incompatibles [donc, on a l'impression que l'histoire de la philosophie est un champ de bataille, où chaque progrès réfute le précédent et le renvoie au néant]. Mais, dans le même temps, leur nature fluide [la continuité dans l'évolution de toutes ces formes diverses de la plante] en fait aussi des moments de l'unité organique au sein de laquelle non seulement elles ne s'affrontent pas contradictoirement, mais où l'une est aussi nécessaire que l'autre, et c'est cette même nécessité qui constitue seulement alors la vie du tout [donc, toutes les philosophies qui semblaient se réfuter les unes les autres sont en réalité toutes vraies en tant que moment de la totalité, le vrai et le tout étant synonymes] [1] ».

---

1. Hegel, *Phénoménologie de l'esprit*, Préface, trad. Jean-Pierre Lefebvre, GF-Flammarion, 2012, p. 58.

Du point de vue du « tout », c'est-à-dire du point de vue de la vérité ou de ce qui correspondrait au point de vue de Dieu chez Leibniz, la plante développée ne « réfute » pas la graine, pas plus que le fruit ne « réfute » la plante : bien que les uns soient le contraire des autres, il n'y a en vérité pas de contradiction entre ces différents moments du développement dialectique du végétal, mais cet ensemble à trois temps – graine + déploiement de l'arbre + fruit – fait partie d'un processus rationnel, continu, conforme au principe de raison comme au principe des indiscernables, au principe de continuité, au principe du meilleur. Si je traduis maintenant la métaphore végétale dans le domaine de l'histoire des idées, on pourrait dire que ce qui apparaît à un regard naïf comme une contradiction entre les philosophies, par exemple comme une réfutation d'un système philosophique par un autre, n'est en vérité, du point de vue de l'ensemble, qu'un moment dans l'Histoire, ce que Hegel appelle une *Aufhebung* : un dépassement, un « surmontement », mais qui conserve ce qui est dépassé et l'intègre dans l'ensemble du déploiement de la vérité.

Ainsi, les moments antérieurs, c'est-à-dire les philosophies du passé, sont conservés dans la totalité du système – en quoi Hegel prétend bien à la fois résumer et achever toute l'histoire de la philosophie. La vérité n'est plus que le déploiement rationnel, cohérent malgré les contradictions, de la totalité des points de vue qui se sont exprimés au cours de l'Histoire. On pourrait donc presque définir la vérité comme le déploiement de toutes les erreurs, ou, pour mieux dire, de tous les points de vue partiels, puisque du point de vue de Dieu – du point de vue de ce que Hegel appelle le « savoir absolu » – il n'y a pas d'erreur : tout est vrai puisque le vrai, c'est justement le tout, c'est la recollection de tous les points de vue partiels. Le faux n'existe pas plus que le mal chez Leibniz : c'est une illusion liée à un point de vue borné, au regard de celui qui ne voit qu'un détail du tableau. Les erreurs ne sont telles que si on s'y accroche comme à une vérité totale, alors qu'elles ne sont qu'un point de vue partiel. Mais si on voit les erreurs comme des moments du tout, alors elles deviennent des étapes de la vérité. Du coup, comme le dit Hegel dans la préface de la *Phénoménologie*, il n'y a en effet « pas plus de mal qu'il n'y a de faux ». Voilà le sens de la formule, une fois appliquée la théodicée hégélienne.

## COMPRENDRE LA DIALECTIQUE

Prenons maintenant quelques exemples de dialectiques concrètes, particulières justement, afin de donner une idée plus précise de la façon dont se déploie la structure générale de la dialectique, avec toujours ses trois moments : en-soi, être-là, pour-soi. Voyons par exemple, comment, dans la *Phénoménologie*, la première dialectique, celle de la « certitude sensible », se développe [1]. Hegel veut en fait tenter de décrire les contradictions qui affectent nécessairement l'empirisme radical, les contradictions qui ne peuvent pas ne pas apparaître dans la description de la sensation pure.

Dans la *Phénoménologie*, Hegel formule les choses de manière incroyablement abstraite : il faut rappeler qu'à l'époque, dans l'idéalisme allemand, règne une véritable fascination pour la virtuosité intellectuelle, fascination qu'on retrouve d'ailleurs aussi dans l'art qui est le plus proche de la philosophie, à savoir la musique : de même que dans les grands concertos romantiques il y a toujours un moment de virtuosité folle – ce qu'on appelle la « cadence » –, de même, dans la philosophie de Fichte, Schelling ou Hegel, il y a des moments d'incroyable virtuosité intellectuelle qui rendent la lecture de leurs œuvres parfois presque incompréhensible aujourd'hui, du moins si on ne dispose pas des clés pour les pénétrer. Ces morceaux de bravoure théorique correspondent, pour le coup, à l'air du temps : plutôt que de chercher à transmettre leur pensée à un public « cultivé », comme ils le font souvent par ailleurs, les plus grands philosophes de l'idéalisme allemand ne s'adressent pratiquement qu'à leurs pairs quand ils cèdent à leur passion pour la virtuosité la plus abstraite. Raison de plus pour décortiquer tranquillement une dialectique hégélienne particulière, en quelque sorte à titre d'exemple du fonctionnement de sa pensée.

La « certitude sensible », donc : elle désigne ce moment où la conscience « naturelle », ou « conscience naïve », comme dit Hegel, s'imagine qu'elle est pure sensation. Imaginez la statue de Condillac, qui est odeur de rose quand on dispose une rose à proximité. Imaginez encore, comme chez Locke, un morceau de cire vierge ou un papier blanc, purement passif, seulement capable de recevoir des impressions du dehors, mais sans aucune capacité d'activité intellectuelle. Imaginons que nous sommes dans la sensation pure, que nous sommes, à la limite, pure sensation, que nous ne soyons qu'un grand nez, une grande oreille, etc. Dans cette situation originelle, qui correspondrait à un empirisme radical, il n'y a encore ni sujet ni objet : nous sommes pure sensation, absolument réduits à l'ici et au maintenant absolus, voilà tout. Nous sommes donc encore dans l'« en-soi », dans l'unité première et indéterminée, dans l'identité du sujet et de l'objet, dans cette situation où le sujet et l'objet sont en quelque sorte fondus l'un dans l'autre dans l'élément de la sensation : il n'y a pas encore de différenciation entre eux, aucune détermination particulière qui viendrait les distinguer l'un de l'autre. Je suis odeur de rose, par exemple, mais sans pouvoir vraiment me distinguer de l'objet que je sens ni m'identifier moi-même de façon précise.

Pourtant, et c'est là que la scission, la différence commence à s'introduire et va nous faire sortir de l'en-soi pour passer vers l'être-là : je ne puis m'empêcher d'être sensation *de* quelque chose. Comme le dira Husserl dans le sillage de Hegel, « toute conscience est forcément conscience de quelque chose ». Même chez Condillac, malgré tout, la statue de cire vierge est odeur *de* rose, elle est donc bien odeur de quelque chose. Par où une scission commence bel et bien à s'introduire entre quelque chose comme un sujet et quelque chose comme un objet.

Pour essayer de surmonter cette scission qui commence de s'installer entre le sujet et l'objet, scission entre le moi qui sent et l'objet qui est senti, nous allons entrer dans un processus dialectique tout à fait typique des raisonnements hégéliens. Afin de maintenir l'unité originelle entre le sujet et l'objet, afin de ne pas sortir de l'en-soi et entrer dans les tourments des contradictions propres à l'être-là, la conscience va d'abord poser que l'objet est l'essentiel et que le moi n'est rien. On comprend bien la logique de cette stratégie : il s'agit de nier l'un des deux termes en présence – en l'occurrence, le pôle subjectif – pour essayer de maintenir la chaleur douillette de l'identité première. Si je traduis philosophiquement, c'est la position réaliste : c'est le réel, l'objet qui compte, et le sujet n'est qu'un reflet passif du monde qui l'entoure ici et maintenant.

Mais, malheureusement pour cette stratégie désespérée, l'ici et le maintenant changent. C'est l'écriture qui va le montrer, qui va, en quelque sorte, servir de juge de paix : si j'écris sur une feuille de papier, « ici et maintenant, c'est le jour » et que j'attends un peu... je m'aperçois que l'ici et le maintenant se contredisent – à présent, c'est la nuit ! Cet objet, que j'avais posé comme essentiel, s'avère lui-même contradictoire. Il n'est pas stable.

Du coup, la conscience naturelle ou naïve va tenter une nouvelle stratégie, toujours pour maintenir l'identité primitive et ne pas se heurter au monde réel, celui de la scission, des différences, de la diversité. Selon la logique dialectique qui est à l'œuvre derrière tous les processus historiques ou naturels, la première tentative pour maintenir l'en-soi se renverse en son contraire. La position réaliste, qui consistait à dire « Je ne suis rien, l'objet est tout », ne tient plus, puisque l'objet se contredit. Nous basculons donc du côté de la position contraire, l'idéalisme ou le subjectivisme radical, qui correspond, selon Hegel, à l'attitude philosophique de Protagoras et des sophistes : « L'homme est la mesure de toute chose. » L'essentiel n'est plus l'objet, puisqu'il se contredit, mais la subjectivité. On passe ainsi de la conscience d'objet à la conscience de soi : l'essentiel, c'est moi ! Moi, ici, maintenant, je suis la mesure de toute chose et l'objet n'est que ma perception, il se réduit à ce que j'en vois ici et maintenant ou, si vous vous souvenez de la leçon sur l'empirisme, comme dit l'idéalisme radical de Berkeley : *Esse est percipi aut percipere* – « Être c'est percevoir ou être perçu ».

Mais ce moi pur, qui serait la mesure de toute chose ici et maintenant, ne tient pas non plus la route : il se contredit lui aussi. Il est ce que Hegel appelle dans son jargon un « universel abstrait ». Expliquons. Quand vous téléphonez à quelqu'un, si vous dites : « Allô, c'est moi, c'est moi-même, mais oui, c'est bien moi ! », vous ne donnez en vérité aucune information sur votre identité. Tout le monde peut dire la même chose. Tout le monde est un moi ici et maintenant. L'universel abstrait, c'est exactement ça, c'est le contraire d'une vraie réalité. Au moment même où le moi pur de la certitude sensible croit saisir la particularité la plus particulière qui soit, la réalité la plus réelle qui soit, le moi dans son essence la plus singulière – alors qu'elle crie désespérément « C'est moi, ici et maintenant, c'est absolument moi ! » –, en fait, ce qu'elle saisit, ce n'est pas du tout le vrai réel, la vraie singularité, c'est l'universel le plus plat qui soit, une réalité complètement formelle, générale, indifférenciée : tout le monde est tout le temps un « moi ici et maintenant ». Je ne saisis pas du tout le particulier dans sa richesse singulière, mais un universel parfaitement abstrait, le point commun de tous les interlocuteurs, une généralité complètement vide. Dialectique, là encore : le concret le plus concret qu'on croyait tenir enfin s'avère être son contraire exact, l'abstraction la plus vide. Le moi saisi par la *certitude sensible*, dans la sensation pure, ici et maintenant, comme l'objet de tout à l'heure qui est tantôt le jour et tantôt la nuit n'est en vérité qu'un universel abstrait, interchangeable, standard.

Pas moyen d'échapper, donc, à la sortie de l'en-soi. Il faut accepter d'entrer dans le moment de l'être-là, dans le moment de la différenciation entre le sujet et l'objet, différenciation par laquelle ils vont pouvoir, l'un comme l'autre, se concrétiser. La vérité, c'est que l'objet n'existe que par la médiation d'un sujet, comme le sujet n'existe que par la médiation d'un objet : toute conscience est indissolublement conscience d'objet et conscience de soi. En ce sens, la dialectique revient à l'identité initiale... sauf qu'on a progressé, et que ce n'est pas un simple retour en arrière, mais plutôt un dépassement. Car, entre le point de départ et le point d'arrivée, la conscience a déployé différentes positions autour de cette question de la relation du sujet et de l'objet. Elle a été successivement réaliste, puis idéaliste, avant de comprendre que ces deux positions unilatérales sont fausses et que la vérité passe par une description de la relation sujet/objet.

Laissons là la façon dont cette description va se poursuivre dans la *Phénoménologie*. L'essentiel était de vous donner une idée de la démarche hégélienne, un exemple d'une dialectique particulière qui vous montre comment fonctionne le schéma « en-soi »-« être-là »-« pour-soi » : identité de départ, ensuite déploiement de la pluralité des points de vue, puis recollection de la pluralité des points de vue dans une synthèse harmonieuse destinée elle-même à former le point de départ, le nouvel « en-soi », d'une prochaine dialectique. Tout y est rationnel et continu, tout s'y enchaîne selon le « principe de raison ». Nous retrouverons la même définition de la dialectique chez Marx : le capitalisme, société où la contradiction entre les classes est la plus grande, va engendrer mécaniquement, nécessairement, dit même Marx, son contraire, à savoir une société sans classes, sans exploitation et sans contradiction.

> *« L'art s'escrime et s'épuise à exprimer l'intelligible dans le sensible, le spirituel dans le matériel. »*

Prenons un deuxième exemple, peut-être un peu moins abstrait que le premier, celui de la classification des arts. J'ai dit tout à l'heure que l'art, pour Hegel – définition qui traverse d'ailleurs toute l'histoire de la philosophie et que Hegel reprend à son compte –, est l'expression ou, mieux, l'incarnation d'une grande idée, voire d'une vision du monde, dans un matériau sensible : l'art grec rend sensible l'idée fondamentale d'harmonie cosmique, l'art chrétien fait vivre les splendeurs du divin, l'art hollandais est l'expression de l'humanisme moderne, sécularisé, la mise en scène de l'humain dans sa vie de tous les jours qu'il incarne lui aussi dans un matériau sensible : pierre de l'architecte ou du sculpteur, couleurs du peintre, vibrations sonores du musicien, sonorités des mots du poète, etc. La classification des arts est un bon exemple de développement dialectique de l'Histoire.

J'en indique simplement le principe, sans entrer dans les détails. Pour comprendre cette classification, il faut d'abord savoir qu'aux yeux de Hegel l'art est en quelque sorte contradictoire, en quoi il appartient pour ainsi dire structurellement à une forme de vie spirituelle dépassée par la religion, qui est elle-même dépassée par la philosophie. Pourquoi ? Parce que l'art s'escrime et s'épuise à exprimer l'intelligible dans le sensible, le spirituel dans le matériel. On exprime des idées sublimes, l'idée même du divin – c'est le cas dans les temples –, mais on cherche à l'exprimer dans ce qui est son contraire absolu, dans du sensible, du matériel, dans un matériau de pierre, par exemple, qui est le contraire même de l'esprit. En d'autres termes, l'art emprisonne toujours l'idée pure dans une forme, une espèce de gangue qui ne lui convient pas. La forme est inadéquate au fond, le signifiant matériel et sensible ne convient jamais parfaitement aux idées spirituelles et intelligibles que l'art veut exprimer.

*« Aux yeux de Hegel, la religion est au-dessus de l'art, mais la philosophie est encore supérieure à la religion. »*

La religion s'élèvera au-dessus de l'art : elle exprimera les idées dans une forme déjà supérieure, celle des mythes, des paraboles et des symboles. Mais seule la philosophie parviendra à harmoniser – c'est cela même, nous l'avons vu, que Hegel appelle le système – la forme et le fond, seule la philosophie parviendra à exprimer rationnellement les idées, à exprimer dans l'élément du concept les grands moments de la vie de l'esprit. La religion est donc aux yeux de Hegel supérieure à l'art, mais la philosophie est encore supérieure à la religion [2]. Cela dit, à l'intérieur même des différents genres artistiques, cette tension entre le fond intelligible et la forme sensible, entre l'idée exprimée et le matériau dans lequel l'artiste cherche à la traduire, est déjà perceptible : l'art va en quelque sorte se dépasser lui-même vers la religion, qui elle-même se dépassera dans la philosophie qui exprimera le même contenu qu'elle (à savoir le point de vue de Dieu), mais de manière conceptuelle, intelligible, rationnelle.

Dès lors, la classification des arts s'effectue de la manière suivante : plus le matériau dans lequel on exprime l'idée est lui-même un matériau intelligible et spirituel, plus l'art est élevé. Au contraire, plus le matériau est brut, plus il est sensible et matériel, moins l'art est élevé, et ce pour une raison bien simple : dans ce cas de figure, la contradiction (la scission) entre le fond et la forme atteint son maximum.

Voilà pourquoi, aux yeux de Hegel, l'architecture est l'art le plus bas, parce qu'on y exprime l'idée de Dieu (ou toute autre idée, mais en l'occurrence, c'est l'idée la plus spirituelle qui soit), dans le matériau le plus matériel qui soit : la pierre. La sculpture va déjà plus loin. Elle est un art bien supérieur. Dans la sculpture grecque, par exemple, la pierre est déjà spiritualisée : elle prend la forme de l'esprit, sa forme humaine justement. Donc, d'une certaine manière, la pierre est intellectualisée, le marbre possède une figure intelligible, celle de l'être humain, de sorte que la contradiction entre le contenu spirituel et la forme dans laquelle on l'incarne est moins vive.

En passant des trois dimensions de l'espace à la bidimensionnalité, la peinture va beaucoup plus loin encore dans la spiritualisation de l'œuvre, dans la recherche d'une harmonie plus grande entre le fond et la forme. En passant du volume à la surface, on exprime davantage l'esprit. On n'est plus dans la matérialité brute, et la perspective implique déjà une forme de travail intellectuel, une intelligence subtile du volume : on imagine le volume, mais il n'est pas réellement là matériellement. C'est donc bien une sorte d'idéalisation.

Puis vient la musique, art encore infiniment plus spirituel que la peinture, puisqu'on s'y débarrasse complètement de la spatialité. La forme, le matériau dans lequel l'idée est exprimée est le sens interne : le temps, qui est le lieu même de la vie de l'esprit, de la conscience de soi. Cette gradation amène à déspatialiser l'art, en quelque sorte à l'intérioriser.

Enfin, la poésie se situe encore un cran au-dessus de la musique, puisque enfin le signifiant lui-même a du sens. Les sonorités des mots sont comme la sonorité des notes. Mais la sonorité des dernières est dénuée de sens, tandis que la sonorité des mots est signifiante : l'intelligible s'exprime enfin dans de l'intelligible. On est dans un art prêt à se dépasser lui-même. Vers quoi ?

L'art se dépasse vers la religion. La religion exprime l'idée de Dieu, c'est-à-dire l'idée de perfection spirituelle, d'omniscience, attendu que le point de vue de Dieu sur le monde serait celui du savoir absolu, comme dans la théologie chrétienne, mais aussi, bien entendu, comme dans la théodicée de Leibniz. Je n'y reviens pas. La religion exprimera, comme le faisait déjà l'art, la spiritualité, la vie de l'esprit. Mais, au lieu de l'exprimer dans un matériau sensible (pierre, couleur, vibrations sonores, etc.), la religion va l'exprimer dans ce que Hegel appelle la « représentation », la *Vorstellung* : mythes, symboles, paraboles. Voyez, par exemple, les Paraboles du Christ. Les idées s'y trouvent déjà exprimées dans des idées, et non plus dans de la matière. La religion sera dépassée à son tour par la philosophie, du moins si cette dernière parvient à être systématique, parce qu'elle exprimera les mêmes idées que la religion, mais dans une forme encore plus rationnelle, plus intelligible que celle du mythe ou des paraboles, lesquelles ne sont pas encore pleinement rationnelles, mais un peu comme des contes de fées, des petites histoires qu'on raconte aux peuples comme s'ils étaient encore des enfants. Il faut donc les décrypter pour en extraire le sens, le noyau rationnel, la leçon à méditer.

Il revient à la philosophie d'exprimer les mêmes idées que la religion, à savoir, comme chez Leibniz et Spinoza, la réconciliation entre l'homme et Dieu, entre le point de vue de l'ignorance et celui du savoir le plus parfait, mais dans la forme qui convient à la vie de l'esprit, à la spiritualité, donc, pour Hegel, dans l'élément de la raison et du système. Par conséquent, la philosophie dépassera non seulement l'art, mais aussi la religion. Comme toutes les grandes philosophies, et notamment celles de Leibniz, plus encore de Spinoza, la philosophie hégélienne est animée fondamentalement par une volonté de trouver le salut, mais de façon laïque, sans recourir à la foi. Il s'agit donc de traduire la religion dans l'élément de la raison, d'aller encore plus loin que la religion, mais en poursuivant le même but : le salut, qui est la réconciliation entre l'homme et Dieu. Le salut, c'est ce que Hegel appelle le « savoir absolu », le point de vue de Dieu. Une fois qu'on a réconcilié le point de vue de la conscience finie et le point de vue de Dieu, nous obtenons, comme dans le stoïcisme ou le spinozisme, une philosophie de la réconciliation avec le monde, une philosophie dans laquelle on ne vit plus dans le passé ou dans le futur, mais dans l'amour de ce qui est là, dans l'amour intellectuel de Dieu, enfin débarrassé de toutes les peurs et de toutes les passions tristes.

# Deux critiques de Hegel en guise de conclusion

L'hégélianisme suscitera deux critiques majeures – je parle des critiques sérieuses, pas des accusations absurdes qui font de Hegel un ancêtre du totalitarisme, alors que sa théorie de la « ruse de la raison », qui n'est rien d'autre qu'une variation sur le thème de la « main invisible », de même que sa critique radicale de la Terreur qui règne sous la Révolution française le rapprochent au contraire des penseurs libéraux.

## LE REPROCHE DE SCHELLING : DÉDUIRE L'EXISTENCE À PARTIR DU CONCEPT

La première critique forte viendra de son vieil ami/ennemi Schelling. Au terme d'une analyse qui annonce déjà la philosophie contemporaine, notamment celle de Heidegger, Schelling va reprocher à la philosophie hégélienne de déduire l'existence du concept, à la manière d'un gigantesque argument ontologique. Schelling expose ce thème avec une très grande profondeur dans un texte tardif, les *Conférences de Munich*. Je ne développe pas ce point, mais il est vrai qu'on pourrait se représenter le système hégélien tout entier comme une déduction de l'« être-là » à partir de l'« en-soi », de l'existence à partir du concept. La structure de l'argument ontologique est la structure fondamentale du système hégélien, et c'est du reste, comme le verra Heidegger, suivant en cela l'enseignement de Kant, la structure fondamentale de toute la métaphysique. Marx lui-même, malgré ses professions de foi matérialistes, n'échappe pas au problème : lui aussi prétend déduire comme une nécessité absolue l'existence future du communisme à partir de son analyse conceptuelle du capitalisme.

## L'HÉGÉLIANISME NE FAIT PAS DROIT À L'ALTÉRITÉ ET À LA DIFFÉRENCE

La deuxième critique complète la première : elle consiste à dire que Hegel est incapable de penser la différence, l'altérité, qu'il reste en quelque sorte toujours prisonnier des catégories de la philosophie de l'identité. En effet, si la philosophie est une tentative pour surmonter toutes les séparations, toutes les différences, toutes les contradictions et toutes les scissions, alors on rejettera hors de la philosophie, comme contre-figure de la philosophie, toutes les pensées qui font au contraire l'éloge de la transcendance, l'éloge de la différence, de ce qui est hors raison, hors concept, bref, de l'altérité radicale. Kant et le judaïsme seront ainsi associés par Hegel à la figure de la « conscience malheureuse », cette conscience qui ne parvient jamais à la réconciliation : Hegel ne voit dans l'affirmation de l'altérité par rapport à la raison qu'une faiblesse de la pensée. Il ne peut pas s'imaginer une seconde qu'on puisse poser la transcendance, l'interdiction de se faire des images de Dieu, par exemple, ou encore le mystère de l'Être, comme une catégorie positive. C'est d'ailleurs une des raisons majeures du « retour à Kant contre Hegel », qui va profondément marquer l'histoire du judaïsme philosophique en Allemagne. Dans l'école de Marbourg, avec Cassirer et Cohen, comme dans celle de Francfort, avec Adorno et Horkheimer, ou encore chez Hannah Arendt et chez Husserl, c'est Kant la référence philosophique majeure, parce qu'il est le philosophe de la transcendance, de l'altérité. Certes, chronologiquement, Kant est préhégélien, mais philosophiquement, il est à cet égard posthégélien.

Hegel n'est pas à proprement parler antisémite, même si certains de ses propos peuvent donner à le penser, mais il est profondément hostile, et ce d'un même mouvement, à la philosophie kantienne et à la théologie juive, parce que ce sont des philosophies de l'altérité, de la transcendance, du *Bildverbot*, de l'interdiction de se faire des images de Dieu. L'hégélianisme ne fait pas droit à ce que la philosophie contemporaine appellera l'altérité, la différence. La postérité de ces deux critiques de l'hégélianisme sera pour cette raison passionnante à suivre dans l'histoire de la philosophie contemporaine.

# ÉLÉMENTS DE BIOGRAPHIE

Georg Wilhelm Friedrich Hegel est né la même année que Beethoven, en 1770, à Stuttgart, dans une famille protestante d'origine relativement modeste. Son père est fonctionnaire à la Cour des comptes, sa mère, dont le père est juriste, s'occupe de la formation intellectuelle de son fils, un écolier extrêmement précoce et brillant. Il étudie le latin dès l'âge de cinq ans et se passionne très tôt pour les tragédies grecques, qui deviennent sa matière favorite. Avant ses dix-huit ans, il a déjà traduit pour son plaisir le *Manuel* d'Épictète et l'*Antigone* de Sophocle. C'est à cet âge qu'il entre au séminaire de théologie protestante de Tübingen – le fameux *Stift* –, un établissement élitiste d'un niveau exceptionnel où il devient l'ami du poète Hölderlin ainsi que de Schelling, le philosophe dont il allait être le disciple avant qu'il ne devienne son principal concurrent, puis son adversaire sur le plan intellectuel. Ils ont des discussions passionnées sur l'Antiquité grecque, la philosophie de Kant et de Fichte, mais aussi sur la Révolution française et sur Rousseau. Malgré sa vocation première pour la théologie, il renonce à la carrière de pasteur pour devenir précepteur à Berne, puis à Francfort. Il n'en continue pas moins à consacrer du temps à ses lectures ainsi qu'à ses travaux personnels. À la mort de son père, en 1799, Hegel retourne à Stuttgart, et, grâce à son héritage qui le libère des soucis matériels, il peut accepter un modeste poste d'assistant professeur à l'université d'Iéna, en 1801.

Dans la genèse du système hégélien, on distingue en général trois grandes époques – si on laisse de côté les années de formation à Tübingen : la période de Berne (1793-1797), pendant laquelle Hegel est précepteur ; la période de Francfort (1797-1800), au cours de laquelle Hegel continue à exercer son métier de précepteur, mais qui est déjà extraordinairement créative (c'est à Francfort qu'il rédige *L'Esprit du christianisme et son destin*, un essai qui comporte une analyse admirable des Évangiles, notamment du Sermon sur la Montagne) ; puis vient la période d'Iéna (1801-1807), au cours de laquelle Hegel commence sa carrière universitaire. C'est là aussi qu'il écrit son fameux essai sur la *Différence entre les philosophies de Fichte et de Schelling*, Schelling dont il va progressivement se séparer. Comme Kant, Hegel soutient la Révolution de 1789, mais il désapprouve l'après-1791 et la Terreur. Sur l'évolution de Hegel durant ces trois périodes, je renvoie mon lecteur aux magnifiques leçons de Jacques Rivelaygue (cf. Bibliographie).

C'est en 1807, avec la publication de la *Phénoménologie de l'esprit*, que le système hégélien apparaît pour la première fois sous sa forme, sinon achevée, du moins définitive quant au fond. En 1808, il est nommé professeur, puis recteur du *Gymnasium* de Nuremberg. Il se marie en 1811 et il aura deux fils. L'un deviendra historien et l'autre pasteur. En 1812, il publie le premier volume de sa *Logique*, qu'il achève de faire paraître en 1816. C'est justement en 1816 qu'il est enfin nommé professeur titulaire de la chaire de philosophie à l'université de Heidelberg. Il expose sa doctrine globale dans la première édition, en 1817, de son *Encyclopédie des sciences philosophiques*. En 1818, il est appelé à la chaire de Berlin. Hegel est alors un professeur et un philosophe célèbre, jouissant d'un prestige considérable qu'il conservera jusqu'à la fin de sa vie. Nombre de ses cours seront publiés, sur l'esthétique, l'histoire, la religion, l'histoire de la philosophie, notamment. Il meurt du choléra en 1831, à Berlin.

# EXTRAITS

## 1. « La certitude sensible ou le *ceci* et le *point de vue intime* »

### Hegel, *Phénoménologie de l'esprit*, Introduction, (A), I, trad. Jean-Pierre Lefevbre, GF-Flammarion, 2012, p. 129-140.

Le savoir qui est d'abord, ou qui est immédiatement notre objet ne peut être autre que celui qui est lui-même savoir immédiat, *savoir* de l'*immédiat* ou de ce qui *est*. Et nous devons nous comporter de façon tout aussi *immédiate* et *réceptive*, ne rien changer donc à ce savoir, tel qu'il se présente à nous, et maintenir la compréhension conceptuelle à l'écart de l'appréhension des choses.

Le contenu concret de la *certitude sensible* la fait immédiatement apparaître comme la connaissance *la plus riche*, voire comme une connaissance d'une richesse infinie à laquelle nous ne saurions trouver de limite, aussi bien lorsque nous *partons* à sa découverte *à l'extérieur*, dans l'espace et dans le temps, comme ce en quoi cette richesse se déploie, que lorsque nous nous emparons d'un morceau de cette plénitude et *pénétrons* à l'intérieur de lui en le divisant en parties. Elle apparaît en outre comme la plus *véritable*, car elle n'a encore rien abandonné de l'objet, elle l'a devant elle dans son intégralité. Or cette *certitude*, en fait, se donne elle-même pour la *vérité* la plus abstraite et la plus pauvre. Elle ne dit de ce qu'elle sait que ceci : c'*est* ; et sa vérité contient uniquement l'*être* de la chose qui l'occupe ; la conscience, de son côté, n'est dans cette certitude que comme pur Je, ou encore, Je n'y suis que pur *celui-ci*, et l'objet, pareillement, n'y est que comme pur *ceci*. Je, ce Je-ci, ne suis pas *certain* de *cette* chose parce que *Je* me suis développé en la circonstance comme conscience et y ai agité multiplement la pensée. Ni non plus parce que *la chose* dont je suis certain serait, en raison d'une grande quantité de caractéristiques diverses, un riche ensemble de relations à même soi, ou un multiple rapport à d'autres choses. Ces deux raisons ne concernent en rien la certitude sensible ; ni Je ni la chose n'y ont la signification d'une médiation multiple et variée ; Je n'y ai pas la signification d'une activité multiple de représentation et de pensée, et la chose n'y a pas celle d'une multiplicité de caractéristiques ; mais, simplement, la chose *est* ; et elle *est* uniquement parce qu'elle *est* ; elle *est*, c'est là l'essentiel pour le savoir sensible, et c'est ce pur fait d'être ou cette immédiateté simple qui constitue sa *vérité*. Et c'est précisément aussi de cette façon que la certitude, en tant que relation, est une relation pure immédiate ; la conscience est Je, rien d'autre, ce pur individu-ci ; l'*individu singulier* sait un pur ceci, ou encore : il sait *l'entité singulière*.

Toutefois, si nous y regardons de plus près, il se joue conjointement dans *le pur être* qui constitue l'essence de cette certitude, et qu'elle énonce comme sa vérité à elle, un grand nombre d'autres choses encore. Une certitude sensible effective n'est pas seulement telle immédiateté pure, mais aussi un *exemple* de celle-ci. Parmi les innombrables différences qui se présentent là, nous retrouvons partout cette différenciation principale qui veut que de l'être pur ces deux démonstratifs, ces deux *ce*... se disjoignent et retombent tout aussitôt chacun de leur côté, un *celui-ci* comme *Je*, et un *ceci* comme *objet*. Si nous réfléchissons sur cette différence, il appert que ni l'un ni l'autre ce… n'est uniquement *immédiatement*, dans la certitude sensible, mais qu'ils y sont en même temps *intermédiés* ; j'ai la certitude *par* l'intermédiaire d'un autre, la chose ; et celle-ci est pareillement dans cette certitude *par* l'intermédiaire d'un autre, savoir, de Je.

Ce n'est pas seulement nous qui faisons cette différence entre l'essence et l'exemple, entre l'immédiateté et la médiation : nous la trouvons dans la certitude sensible elle-même. Et c'est dans la forme qu'elle y a, non dans celle que nous venons de déterminer, qu'il faut la prendre. Il y a, d'une part, ce qui est posé en elle comme ce qui tout simplement est immédiatement, ou comme l'essence, l'*objet* ; mais aussi cette autre chose qui est posée comme l'inessentiel et l'intermédié, qui n'y est pas *en soi*, mais par un autre, Je, un *savoir* qui ne sait l'objet que parce qu'il est, et qui peut être, ou tout aussi bien ne pas être. Tandis que l'objet *est*, le vrai, et l'essence ; il est, indifférent au fait d'être quelque chose qu'on sait ou qu'on ne sait pas ; il demeure, quand bien même il n'est pas su ; tandis que le savoir n'est pas si l'objet n'est pas.

Il faut donc considérer l'objet en se demandant s'il est bien de fait dans la certitude sensible elle-même, tel que l'essence pour laquelle celle-ci le donne ; si ce concept qui est le sien et le définit comme essence, correspond à sa façon d'être en elle. Nous n'avons pas, à cette fin, à réfléchir sur lui, ni à songer à ce qu'il pourrait être en vérité, mais à le considérer simplement tel que la certitude sensible l'a chez elle.

C'est donc à *elle-même* qu'il faut demander : *qu'est-ce que le ceci* ? Si nous le prenons dans la figure redoublée de son être, comme le *Maintenant* et comme l'*Ici*, la dialectique dont il est porteur prendra une forme aussi intelligible qu'il l'est lui-même. À la question : *qu'est-ce que le Maintenant* ? répondons donc, par exemple : le

Maintenant, c'est la nuit. Un seul et simple essai suffira pour mettre à l'épreuve la vérité de cette certitude sensible. Nous inscrivons cette vérité quelque part ; une vérité ne peut pas perdre quoi que ce soit à être écrite ; et tout aussi peu à être conservée par nous. Et si nous revoyons *maintenant, ce midi*, la vérité inscrite, nous serons bien obligés de dire qu'elle est devenue vide et sans saveur.

Le Maintenant qui est la nuit est *conservé*, c'est-à-dire qu'il est traité comme ce pour quoi il est donné, comme quelque chose *qui est* ; or il s'avère au contraire comme quelque chose qui n'est pas. Le *Maintenant* proprement dit se garde certes, mais comme un Maintenant qui n'est pas *la nuit* ; et pareillement il se maintient face au jour qu'il est maintenant, mais comme un Maintenant qui n'est pas non plus le jour ; ou tout simplement comme un Maintenant *négatif*. C'est pourquoi ce Maintenant qui se garde n'est pas un Maintenant immédiat, mais un Maintenant intermédié, car en tant que Maintenant qui demeure et se conserve, il est déterminé *par le fait qu'*autre chose, savoir, le jour et la nuit, n'est pas. Et cependant, il est encore tout aussi simple qu'auparavant : *Maintenant*, et indifférent dans cette simplicité à tout ce qui se joue encore conjointement à lui ; de même que la nuit et le jour ne sont pas son être, de même et tout aussi bien, il est jour et il est nuit ; il n'est pas du tout affecté par ce changement d'être qui est le sien. Ce genre de chose simple qui est par négation, qui n'est ni ceci ni cela, ce genre de *pas ça* auquel il est tout aussi indifférent d'être ceci, aussi bien que cela, nous la disons *universelle* ; l'universel qui, en fait, est le vrai de la certitude sensible.

Mais nous *énonçons* nous aussi le sensible comme quelque chose d'universel ; ce que nous disons est : *ceci*, c'est-à-dire le *ceci universel* ; ou encore : c'est ; c'est-à-dire l'*être, tout simplement*. Évidemment, nous ne nous *représentons* pas, ce disant, le *ceci* universel, ou l'*être* en général, mais nous *énonçons* l'universel ; ou encore, tout bonnement, nous ne parlons pas selon l'*opinion intime* qui est la nôtre dans cette certitude sensible. Mais c'est le langage, nous le voyons, qui est le plus vrai ; en lui, nous réfutons même immédiatement ce qui est notre *opinion intime*, et comme l'universel est le vrai de la certitude sensible, et que seul le langage exprime ce vrai, il est tout à fait impossible que nous puissions jamais dire un être sensible auquel nous *songeons selon notre point de vue intime*.

Ce sera aussi le cas avec l'autre forme du ceci, l'*Ici*. L'*Ici*, par exemple, est l'arbre. Si je me retourne, cette vérité a disparu, s'est renversée en la vérité opposée : l'*Ici n'est pas un arbre*, mais au contraire *une maison*. L'*Ici* proprement dit ne disparaît pas ; il perdure au contraire dans la disparition de la maison, de l'arbre, etc., et il est indifférent au fait d'être maison, arbre. Le *ceci* s'avère de nouveau être une *simplicité intermédiée*, ou encore : une *universalité*, une *généralité*.

Dès lors, donc, que cette certitude sensible avère chez elle-même l'universel comme la vérité de son objet, le *pur être* demeure comme son essence, mais point cependant comme être immédiat : mais comme un être auquel la médiation et la négation sont essentielles ; et, du coup, non pas comme ce que nous *avons en tête* et *voulons dire* par l'*être*, mais l'être avec la *détermination* d'être l'abstraction ou le purement universel, et tout ce qui reste encore, face à cet Ici et Maintenant vide ou indifférent, c'est *notre point de vue intime*, pour qui le vrai de la certitude sensible n'est pas l'universel.

Si nous comparons le rapport dans lequel le *savoir* et l'*objet* se sont d'abord présentés, et le rapport auquel ces mêmes savoir et objet ont abouti dans ce résultat, nous voyons qu'il s'est renversé. L'objet, qui était censé être l'essentiel, est désormais l'inessentiel de la certitude sensible, puisque l'universel qu'il est devenu n'est plus le genre de chose que l'objet était censé être essentiellement pour elle : elle se retrouve au contraire dans l'opposé, c'est-à-dire dans le savoir qui antérieurement était l'inessentiel. Sa vérité est dans l'objet en tant qu'il est *mon* objet, ou dans l'*opinion intime qui est la mienne* ; l'objet est parce que *J'*« en sais quelque chose ». La certitude sensible a donc, certes, bien été chassée de l'objet, mais n'est pas encore abolie pour autant : elle est simplement refoulée dans le Je ; voyons ce que l'expérience nous montre quant à cette réalité qui est la sienne.

La force de sa vérité réside donc maintenant dans le *Je*, dans l'immédiateté de mon : *Je vois, J'entends*, etc. ; la disparition du Maintenant singulier, de l'Ici singulier que nous « voulons dire » selon notre point de vue intime, est empêchée par le fait que *Je* les retiens. *Le Maintenant est jour* parce que je vois le jour ; l'*Ici est un arbre* pour la même raison. Mais la certitude sensible éprouve chez elle-même dans ce rapport la même dialectique que dans le rapport précédent. *Je*, ce *Je-ci*, vois l'arbre et *affirme que l'Ici, c'est l'arbre* ; mais un autre, un *autre Je* voit la maison et affirme que l'Ici n'est pas un arbre, mais au contraire une maison. L'une et l'autre vérité sont accréditées de la même manière, savoir, l'immédiateté de la vue et le fait que l'un et l'autre Je sont sûrs de ce qu'ils savent et l'assurent ; mais l'une des deux vérités disparaît dans l'autre.

Ce qui n'y disparaît pas, c'est moi, *Je*, en tant qu'*universel* dont la vue n'est ni une vue de l'arbre, ni une vue de telle maison, mais un simple fait de voir, qui est intermédié par la négation de cette maison-là, etc., et y est tout aussi simple et indifférent aux autres exemples qui se jouent encore conjointement à cela, à la maison, à l'arbre. Le Je est seulement quelque chose d'universel, de même que *Maintenant, Ici* ou *Ceci* en général ; certes, j'ai en tête un *Je individuel, singulier*, quand je dis Je, et pourtant, je ne parviens pas plus à le dire qu'à dire ce que j'ai en tête selon mon point de vue intime et veux dire par Maintenant, Ici. En disant *cet Ici-là, ce Maintenant*, ou en désignant une *réalité singulière*, je dis *TOUS les Ceci, tous les Maintenant, tous les Ici, toutes les entités singulières* ; et pareillement, en disant *Je, tel Je singulier*, je dis d'une manière générale *TOUS les Je* ; chacun est ce que Je dis : *Je, ce Je singulier-ci*. Lorsque certains exigent de la science, comme la pierre de touche dont elle ne pourrait absolument pas supporter l'épreuve, qu'elle déduise, construise, trouve *a priori*, que sais-je encore, une *cette chose-ci* ou un *cet homme-ci*, il est légitime de réclamer que cette exigence *dise* quelle chose-ci, ou quel Je – ou individu-*ci* elle a en tête ; or dire cela est impossible.

La certitude sensible fait donc l'expérience de ce que son essence n'est ni dans l'objet, ni dans le Je, et que l'immédiateté n'est ni l'immédiateté de l'un, ni celle de l'autre, car chez l'un et l'autre, ce que j'ai en tête est au contraire quelque chose d'inessentiel, et l'objet et le Je sont des choses universelles dans lesquelles le Maintenant, l'Ici et le Je que j'ai en tête n'ont pas de consistance durable, ou encore, ne *sont* pas. Ce qui nous amène à poser le *tout* de la certitude sensible comme son *essence*, et non plus un seul moment de celle-ci, ainsi qu'il est advenu dans les deux cas, où c'était d'abord l'objet opposé au Je, puis le Je qui étaient censés être sa réalité. C'est donc seulement la certitude sensible *tout entière* elle-même qui s'accroche à elle en tant qu'*immédiateté*, et exclut de soi par là même tout face-à-face, toute opposition telle qu'elle était survenue auparavant.

Cette immédiateté pure ne concerne donc plus en rien l'être-autre de l'Ici en tant qu'arbre, qui passe dans un Ici qui est non-arbre, ni l'être-autre du Maintenant, en tant que jour, qui passe dans un Maintenant qui est nuit, ni un autre Je, pour qui l'objet est quelque chose d'autre. Sa vérité se conserve comme relation qui demeure identique à soi-même, et ne fait aucune différence d'essentialité ou d'inessentialité entre le Je et l'objet, et dans laquelle donc absolument aucune différence ne peut pénétrer. Je, ce Je-ci, j'affirme donc l'Ici comme arbre, et ne me retourne pas de telle manière que l'Ici pour moi deviendrait un non-arbre ; je n'ai cure non plus de ce qu'un autre Je voit l'Ici comme non-arbre, ou de ce que moi-même, une autre fois, je prenne l'Ici comme non-arbre, le Maintenant comme non-jour, mais Je suis pur regard regardant ; pour moi, j'en reste là, le Maintenant est jour, ou encore, j'en reste là : l'Ici est arbre ; je ne compare pas non plus eux-mêmes l'un avec l'autre l'Ici et le Maintenant, mais m'accroche à *une* relation immédiate *unique* : le Maintenant est jour.

Puisque, par conséquent, cette certitude ne veut plus venir nous trouver quand nous attirons son attention sur un Maintenant qui est nuit, ou sur un Je pour qui c'est la nuit, approchons-nous donc nous-mêmes d'elle et faisons-nous montrer le Maintenant en question qu'elle prétend. Il faut que nous nous le fassions *montrer*, puisque la vérité de cette relation immédiate est la vérité de tel Je, de *ce* Je-ci qui se limite à un *Ici* ou à un *Maintenant*. Si nous nous emparions *après coup* de cette vérité, ou si nous nous tenions *éloignés* d'elle, elle n'aurait pas du tout de signification, car nous abolirions alors l'immédiateté qui lui est essentielle. C'est pourquoi nous devons venir nous mettre dans le même point du temps ou de l'espace, nous la faire montrer, c'est-à-dire faire faire de nous le même Je-ci qui sait avec certitude. Voyons donc comment est fait cet immédiat qu'on nous désigne.

On nous montre le *Maintenant* ; ce *Maintenant-ci*. *Maintenant* ; dès lors qu'il nous est montré, il a déjà cessé d'être ; le *Maintenant* qui *est*, est un autre Maintenant que celui qui est montré, et nous voyons que le Maintenant est précisément ceci, qui consiste, en étant, à n'être déjà plus. Le Maintenant, tel qu'il nous est montré, est un Maintenant qui *a été* ; et c'est cela sa vérité ; il n'a pas la vérité de l'être. Donc, il est certes bien vrai qu'il a été. Mais ce qui *a été* n'est pas en fait une *essence*. Ce qui a été *n'EST pas*, et c'est de l'être qu'il s'agissait.

Nous ne voyons donc dans ce désignement qu'un mouvement, qui se déroule comme suit : 1. Je désigne le Maintenant, il est asséré comme étant le vrai ; mais je le montre comme quelque chose qui *a été*, ou comme quelque chose qui est aboli, j'abolis la première vérité, puis : 2. J'affirme maintenant comme la seconde vérité que ce quelque chose a été, est aboli. 3. Mais ce qui a été n'est pas ; j'abolis l'avoir-été ou l'être-aboli, c'est-à-dire la deuxième vérité, nie, ce faisant, la négation du Maintenant, et reviens ainsi à la première assertion : que *Maintenant* est. Le Maintenant et le désignement du Maintenant sont donc faits de telle manière que ni le Maintenant ni le désignement du Maintenant ne sont une chose simple immédiate, mais un mouvement qui comporte divers moments ; *ceci* est posé, mais en même temps, c'est au contraire *un autre* qui est posé, ou encore, le ceci est aboli : et cet *être-autre*, ou cette abolition du premier, est *aboli à son tour*, et donc est revenu au premier moment. Mais ce premier moment réfléchi en lui-même n'est plus exactement le même que ce qu'il était primitivement, savoir, un moment *immédiat* ; il est au contraire justement *quelque chose de réfléchi en soi*, un *moment simple* qui demeure dans l'être-autre ce qu'il est ; un Maintenant qui est absolument un grand nombre de Maintenant, et c'est là le Maintenant véritable. Le Maintenant comme simple jour qui a en lui-même de nombreux Maintenant, des heures. Et de même une heure est aussi ce genre de Maintenant, c'est-à-dire tout autant de minutes, et celles-ci sont pareillement de nombreux maintenant, et ainsi de suite. – Le désignement est donc lui-même le mouvement qui énonce ce que le Maintenant est en vérité ; savoir, un résultat, ou encore, le résumé d'une pluralité de Maintenant ; et désigner, c'est apprendre, faire l'expérience que Maintenant est quelque chose d'*universel.*

L'*Ici désigné*, que je fixe fermement, est aussi bien un cet Ici-*là* qui en réalité n'*est pas cet* Ici-*là*, mais un devant et un derrière, un en haut et un en bas, un à droite et un à gauche. L'en haut est lui-même tout aussi bien ce multiple être-autre, en haut, en bas, et ainsi de suite. L'Ici qui était censé être désigné disparaît dans d'autres Ici, mais ceux-ci disparaissent tout aussi bien ; ce qui est désigné, fixé fermement, et qui perdure, est un *ceci négatif*, qui n'*est* ainsi qu'en ce que les *Ici* sont pris comme ils sont censés l'être, mais ce faisant s'abolissent. C'est un complexe simple de nombreux Ici. L'Ici qu'on a en tête serait le point ; mais ce point n'*est* pas : c'est au contraire dès lors qu'il est désigné comme étant, que le désignement montre qu'il n'est pas un savoir immédiat, mais un mouvement qui va de l'Ici qu'on a en tête à l'Ici universel en passant par de nombreux Ici, et cet Ici universel, de même que le jour est une pluralité simple de Maintenant, est une pluralité simple d'Ici.

Il apparaît clairement que la dialectique de la certitude sensible n'est rien d'autre que la simple histoire de son mouvement ou de son expérience, et que la certitude sensible elle-même n'est rien d'autre que simplement cette histoire. C'est pourquoi la conscience naturelle elle aussi ne cesse jamais de progresser elle-même vers ce résultat, vers ce qui chez elle est le vrai, et son expérience se fait dans cet itinéraire ; mais c'est aussi pourquoi elle l'oublie toujours tout aussitôt, et recommence le mouvement au départ. Il y a donc lieu de s'étonner quand, à l'encontre de cette expérience, on instaure comme expérience universelle, mais aussi comme affirmation philosophique, et même comme un résultat du scepticisme, que la réalité ou l'être de choses extérieures en tant qu'elles sont *ces choses-ci*, ou des choses sensibles, aurait une vérité absolue pour la conscience ; ce genre d'affirmation, dans le même temps qu'elle est posée, ignore ce qu'elle proclame, ignore qu'elle dit le contraire de ce qu'elle veut dire. La vérité du *ceci* sensible pour la conscience est censée être une expérience universelle ; mais c'est bien plutôt le contraire qui est expérience universelle ; chaque conscience réabolit à son tour les vérités du genre : *l'Ici est un arbre*, ou, *le Maintenant est midi*, et énonce le contraire : l'Ici *n'est pas* un arbre, *mais* une maison ; et ce qui, dans cette affirmation qui abolit la première, est à son tour affirmation, de même espèce, d'un ceci sensible, elle le réabolit pareillement tout aussitôt ; et dans toute cette certitude sensible, elle n'apprendra en vérité que ce que nous avons vu, nous, savoir, le *ceci* comme quelque chose d'*universel*, le contraire de ce que l'affirmation en question assure être expérience universelle. – Face à cette invocation de l'expérience universelle, il peut être permis d'anticiper sur la prise en compte du niveau pratique. Eu égard à quoi, on peut dire à ceux qui affirment cette vérité et certitude de la réalité des objets sensibles qu'ils feraient bien de retourner à l'école la plus élémentaire de la sagesse, aux Mystères d'Éleusis de l'Antiquité, où l'on célébrait Cérès et Bacchus, et qu'ils doivent d'abord apprendre le secret de la consommation du pain et du vin ; car le myste initié à ces secrets n'en vient pas seulement, en effet, à douter de l'être des choses sensibles, il finit par en désespérer ; d'une part il accomplit lui-même en eux leur nullité, et par ailleurs il la voit accomplir. Les animaux eux-mêmes ne sont pas exclus de cette sagesse-là, mais font la preuve, au contraire, qu'ils sont très profondément initiés en cette matière, puisqu'ils ne restent pas en arrêt devant les choses sensibles comme devant autant de choses qui seraient en soi, mais, désespérant de cette réalité et pleinement certains de sa nullité, se servent sans autres manières, et les dévorent ; et la nature tout entière célèbre comme eux ces mystères on ne peut plus transparents qui nous enseignent ce qu'est la vérité des choses sensibles.

Mais ceux qui posent ce genre d'affirmation, pour nous en tenir à nos remarques précédentes, disent aussi eux-mêmes immédiatement le contraire de ce qu'ils ont en tête selon leur point de vue intime ; et ce phénomène est peut-être le plus susceptible de nous amener à réfléchir sur la nature de la certitude sensible. Ils parlent de l'existence d'objets *extérieurs* qui peuvent être définis de manière plus précise encore comme des choses *effectives*, absolument *singulières*, tout à fait *personnelles*, *individuelles*, dont aucune n'a plus absolument son identique ; cette existence aurait une certitude et vérité absolue. Ils ont en tête : *ce* morceau de papier-ci sur lequel j'écris *ceci*, ou plus exactement, l'ai écrit ; mais ce qu'ils ont en tête, ils ne le disent pas. S'ils voulaient effectivement *dire* ce morceau de papier-ci qu'ils ont en tête, et si c'est *dire* qu'ils voulaient, cela est impossible parce que le ceci sensible qu'ils ont en tête est *inaccessible* au langage, qui ressortit à la conscience, à l'universel en soi. C'est pourquoi, sous la tentative effective de le dire, ce ceci finirait par moisir et se décomposer ; ceux qui auraient commencé à le décrire ne pourraient pas aller jusqu'au bout de la description, mais devraient la confier à d'autres, qui finiraient eux-mêmes par avouer parler d'une chose qui n'*est* pas. Ils ont donc bien en tête *ce* morceau de papier-*ci*, qui est ici un tout autre morceau de papier que celui dont on parlait ci-dessus ; mais ils énoncent par la parole des *choses* effectives, des *objets extérieurs* ou *sensibles*, des *essences absolument singulières*, et ainsi de suite, c'est-à-dire que ce qu'ils disent d'eux n'est que de l'*universel* ; aussi, ce que l'on appelle l'ineffable n'est-il rien d'autre que le non-vrai, le non-rationnel, l'opinion qui n'est que cela, ce qu'on avait simplement en tête. – Quand on ne dit de quelque chose rien de plus que : « C'est une *chose réelle effective*, un *objet extérieur* », cette chose n'est alors énoncée que comme la plus universelle d'entre toutes, et en disant cela c'est bien plutôt son *identité* avec tout le reste, que la différence, qu'on énonce. Quand je dis une *chose singulière*, je la dis au contraire, tout aussi bien, comme chose tout à fait *universelle*, car toutes les choses sont chose singulière ; et pareillement, *cette* chose-*ci* est tout ce qu'on voudra. Si nous la décrivons plus précisément, comme *ce* morceau de papier-*ci*, *toute* espèce et *tout* bout de papier est *un ce morceau de papier-ci*, et je n'ai toujours rien fait que dire l'universel. Mais si je veux aider la parole, qui a la nature divine de renverser immédiatement ce qu'on croit être selon le point de vue intime, d'en faire quelque chose d'autre, et ce faisant de ne pas le laisser *s'exprimer verbalement*, en *désignant* ce morceau de papier-ci, je fais alors l'expérience de ce que la vérité de la certitude sensible est en fait ; je le désigne comme un *Ici*, qui est un Ici d'autres Ici, ou encore, qui est en lui-même un ensemble, une *concomitance simple* d'un grand nombre d'*Ici*, c'est-à-dire un universel. Je le prends et reçois tel qu'il est en vérité, et au lieu de savoir quelque chose d'immédiat, *je prends* dans sa *vérité, je perçois.*

## 2. Le dépassement de l'art par la religion et la philosophie

### Hegel, *Leçons sur l'esthétique*, édition Suhrkamp, I, 103-142, trad. Luc Ferry in *Homo Æstheticus. L'invention du goût à l'âge démocratique*, © Éditions Grasset et Fasquelle, 1990.

L'art a pour tâche de présenter en général l'idée pour l'intuition immédiate dans sa forme sensible et non dans la forme du penser et de la pure spiritualité [...]. De même que l'art trouve son *avant* dans la nature et dans les domaines de la vie, il possède aussi son *après*, c'est-à-dire une sphère qui à son tour dépasse son mode d'appréhension et de présentation de l'absolu. Car l'art contient encore en lui-même une borne et doit donc se résoudre dans des formes supérieures de conscience [...] L'art est et reste pour nous, quant à sa destination la plus haute, quelque chose de passé (*ein Vergangenes*) [...]. Pour nous, l'art ne passe plus pour le mode suprême que la vérité puisse emprunter pour se donner une existence. En fait, la pensée s'est très tôt élevée contre l'art comme représentation qui rend le divin sensible : chez les juifs et les mahométans, voire chez les Grecs comme Platon, déjà, qui s'est opposé avec vigueur aux dieux d'Homère et de Hésiode. À vrai dire, avec les progrès de la culture vient pour chaque peuple un temps où l'art fait signe vers son propre dépassement [...]. Lorsque la passion du savoir et de la recherche ainsi que le besoin d'une spiritualité intérieure engendrèrent la Réforme, la représentation religieuse dut elle aussi se retirer de l'élément sensible pour rentrer dans l'intériorité de l'âme et de la pensée. L'*après* de l'art consiste en ceci que l'esprit est habité par le besoin de trouver la satisfaction en son propre sein seulement comme étant la vraie forme qui convient à la vérité [...]. L'absolu se déplace de l'objectivité de l'art vers l'intériorité du sujet [...].

# BIBLIOGRAPHIE

La meilleure introduction qu'on puisse lire est, et de très loin, due à Jacques Rivelaygue, dans ses magnifiques *Leçons de métaphysique allemande*, 2 vol., Grasset, « Le Collège de philosophie », 1990-1992.

# TABLE

Mise en page par Meta-systems
59100 Roubaix

Achevé d'imprimer décembre 2012
sur les presses de Grafica Veneta, Italie.

N° édition : L.01EHBN000469.N001